Alain Sotto • Varinia Oberto

Donner l'envie d'apprendre

Ixelles éditions

Cet ouvrage poursuit un travail commencé avec *Dénouer l'échec scolaire* (Desclée de Brouwer, 2004), qui présentait vingt-cinq ans de consultations – pédagogiques et psychologiques – avec des enfants en difficulté, et *Aidez votre enfant à réussir* (Hachette Éducation, 2006), centré sur les méthodes efficaces et utiles tout au long de la scolarité.

Retrouvez les auteurs sur : www.cancres.com

Ouvrage réalisé sous la direction de Sophie Descours

ISBN 978-2-87515-075-2
D/2010/11.948/76
Dépôt légal : 3e trimestre 2010

Ixelles Publishing SA
Avenue Molière, 263
B-1050 Bruxelles

E-mail : contact@ixelles-editions.com

Site Internet : www.ixelles-editions.com

Préface

Qu'est-ce qu'être parents ? La plupart évoquent une mission : aider l'enfant à grandir, le guider, en faire un adulte responsable et heureux.

Mais comment y parvenir ? Il n'existe pas un modèle de parent idéal, il n'y a pas d'éducation parfaite. Pour les parents, il est question d'amour. Il est aussi question d'amener l'enfant à l'autonomie et à l'indépendance. Ils le disent, tous. Dans ces propos qui reviennent comme des leitmotive, le maître mot est l'école. Faire en sorte que l'enfant fasse de bonnes études, qu'il obtienne un diplôme protecteur et qu'il trouve sa voie.

Que peuvent faire les parents ? L'école ne pouvant assumer seule la mission éducative, ils ont un rôle essentiel à jouer. Ils sont des interlocuteurs, des accompagnateurs et des modèles qui, devant l'exigence de la tâche, se retrouvent parfois démunis. **Une chose est sûre pourtant : dans leur grande majorité, les enfants qui réussissent à l'école sont aidés à la maison.** Accompagner un enfant, c'est lui permettre d'avoir suffisamment de confiance en soi pour oser se tromper et réfléchir, c'est promouvoir le plaisir et l'intérêt des apprentissages afin que lui vienne le goût de l'effort.

Accompagner un enfant, c'est l'aider à tisser des liens entre ce qu'il apprend à l'école et ce qu'il découvre dans la vie quotidienne pour donner un sens à tout ce savoir.

Les parents sont des interlocuteurs. Curieux de ce que l'enfant exprime, ils l'aident à trouver des réponses à ses interrogations. Ils sont à même de le soutenir face à ses incertitudes ou à ses découragements. Quand ils écoutent l'élève, ils entendent aussi la personne.

Ils sont des accompagnateurs qui donnent les moyens de réussir à l'école. Un enfant n'apprend pas tout seul à être un bon élève. Alors, ils font en sorte qu'il utilise des stratégies, acquière les méthodes nécessaires à réussir sans trop peiner.

Ils sont des modèles parce que la meilleure façon d'enseigner est l'exemple. Ils transmettent l'enthousiasme à faire bien ce que l'on fait. Ils enseignent la curiosité, le plaisir de la découverte. **Tous les parents qui le veulent peuvent donner l'envie d'apprendre**. Mais comment, se demandent-ils, faire bien ce à quoi ils n'ont pas été formés ?

Si cet ouvrage peut les aider à trouver le bon rythme pour accompagner l'enfant au primaire puis au secondaire, pendant ces années où leur présence est déterminante, notre travail n'aura pas été vain.

Ce volume a été rédigé à partir de compétences acquises sur le terrain : plus de vingt-cinq ans d'expérience avec des enfants doués ou d'autres en difficulté scolaire, vingt-cinq ans de dialogue avec leurs parents.

Interlocuteurs, accompagnateurs et modèles tout au long de la scolarité, les parents sont présents aux côtés de l'enfant, dans cette aventure de l'apprentissage, pour qu'il soit, davantage qu'un bon élève, un enfant heureux d'apprendre.

Varinia Oberto et Alain Sotto

1

Du désir de savoir à la motivation

Un lien très fort avec le plaisir

Du désir de savoir à la décision d'apprendre, le chemin est complexe.

L'enfant est naturellement curieux et avide de nouvelles connaissances. Cela transparaît dans sa prime enfance et à l'école maternelle, où les contraintes, assorties de chants, de contes, de créativité, d'un minimum de liberté de mouvements, ne viennent pas contrarier le désir de sa propre construction. Au primaire, il poursuit sa route vers le savoir s'il est dans un environnement sécurisant, si maîtres et parents l'aident à développer une saine estime de lui-même et à gagner son autonomie ; au secondaire, s'il trouve un sens à ce qu'on lui enseigne. Alors naît la motivation.

Mais qu'est-ce que la motivation chez un élève ? C'est ce qui conditionne le déclenchement, l'intensité et la persistance du désir d'apprendre.

La motivation vient de l'intérieur de soi. Elle existe quand on se projette dans un avenir de réussite.

La motivation chez le jeune enfant est principalement déterminée par l'importance accordée aux autres : « Je veux faire plaisir à mes parents et qu'ils m'aiment ; je veux leur res-

Question de parents

Peut-on inciter un enfant à apprendre pour lui-même ?

« Si j'ai un 15 en français, mes parents ont promis de m'acheter un VTT. » Jérémie, 12 ans

« Je n'ai pas besoin d'apprendre, la maîtresse ne m'interroge jamais. » Adrien, 9 ans

« Papa est content quand j'ai un "très bien". » Nicolas, 7 ans

Ce que disent ces enfants est que, au début de la scolarité, la motivation repose le plus souvent sur le besoin de faire plaisir, d'être aimé. L'apprentissage plonge ses racines dans les relations affectives. Après la résolution de l'Œdipe, après sept, huit ans, cette motivation peut devenir plus raisonnable, plus logique. L'enfant alors fait le choix d'étudier. Mais jusqu'à l'entrée au secondaire, le plus souvent, il exprime son désir d'apprendre en se conformant à celui de ses parents et de ses maîtres.

Très tôt, on peut l'aider à couper le cordon, en valorisant moins ses notes que le travail, les progrès accomplis.

Au lieu de lui répéter que c'est pour lui qu'il travaille, il faut plutôt lui faire prendre conscience du plaisir qu'il a obtenu à franchir un obstacle, mettre en valeur l'effort qu'il a déployé pour faire moins de fautes dans ses dernières dictées. Efforts, constance sont à saluer, ainsi que les victoires sur ses petites faiblesses : lenteur à se mettre au travail, devoirs faits à la dernière minute.

sembler ; je veux faire plaisir à mon maître ; je ne veux pas être nul aux yeux des copains ; je veux une récompense (bonne note, félicitations). »

Mais, parfois, ces sources se doublent d'une motivation personnelle. Il est important qu'il en soit ainsi pour l'adolescent, moins dans un désir de séduction des adultes : il s'implique dans un apprentissage pour le seul intérêt qu'il y trouve. Nombreux sont ceux qui, travaillant « pour » leurs parents, découvrent soudain le plaisir de l'effort qui aboutit, ou trouvent de l'intérêt aux leçons d'histoire ou aux fractions. **On aime ce que l'on réussit.**

La motivation, synonyme de plaisir

Quand un enfant est motivé, impliqué totalement dans une activité, il ressent bien-être et plaisir. Il n'est qu'à le regarder, plongé dans un jeu vidéo. Absorbé, il ne sent pas le temps qui passe, ne pense plus à ce qui le préoccupait quelques instants auparavant, est absent à ce qui l'entoure. Il a le sentiment d'être maître de son action.

> **Le saviez-vous ?**
> Travailler avec son enfant, ce n'est pas être dans l'explication des devoirs et leur contrôle, c'est partager avec lui le plaisir, l'intérêt que l'on trouve à un savoir.

Certains jeux sont complexes, demandent de la réflexion ; pourtant jamais l'effort n'est ressenti par lui comme quelque chose de pénible. Il se fixe des buts à atteindre et pour cela il agit, attentif à ce qu'il fait. Il recommence une action, l'analyse. Il progresse en se servant de ses erreurs.

Cette motivation, il peut la retrouver dans toute activité intellectuelle, encore faut-il qu'il puisse la réussir et qu'elle requière certaines compétences.

Chaque fois que l'enfant vit ce genre d'expérience, qu'il est concentré, absorbé par la tâche avec le sentiment non d'avoir subi son action mais d'en avoir été maître, chaque fois qu'il a atteint son but après un effort ressenti comme gratifiant, vécu même avec fierté, il en ressort avec un **sentiment de soi renforcé**.

La difficulté est nécessaire pour qu'une activité présente un attrait. Un succès facile, non mérité en quelque sorte, est de peu d'intérêt. Cela, l'enfant le ressent. Une activité qui demande du temps, un effort, un dépassement de soi, le motive, le valorise à ses propres yeux. Mais attention, la difficulté doit pouvoir être surmontée. Au-delà d'un certain seuil, elle lui donne un sentiment d'incompétence et il se laisse aller au découragement.

D'où l'importance de doser les exercices, qu'ils ne soient ni trop faciles ni trop difficiles. Que l'enfant puisse en tirer un enseignement, ce que ne pourrait lui apporter un exercice, simple clone d'un exercice fait et refait en classe. Qu'il ne soit pas non plus abandonné, seul devant une tâche trop éloignée de ses possibilités.

Tout consiste à toucher juste.

Le désir de l'enfant, le désir des parents

L'accompagnement de l'enfant et la confiance qu'on a en lui sont essentiels à son épanouissement intellectuel.

Dans les premières années de sa vie, les parents, tout naturellement, sont médiateurs de son désir. Au fil des apprentissages, ils le laissent expérimenter et en tirer des enseignements, ils l'encouragent. L'enfant prend conscience de lui-même, de ses réalisations. Il gagne en autonomie.

Question de parents

Peut-on aider un enfant à trouver du sens à ce qu'il apprend?

« Pourquoi on me force à aller à l'école? Je n'ai pas envie. On ne fait pas des choses intéressantes. » Lula, 8 ans

« À quoi ça sert les tables de multiplication? Moi, j'ai une calculette! » Igor, 9 ans

« L'école, c'est pas mal. Mais j'aimerais savoir à quoi va me servir tout ce que j'apprends. » Ida, 13 ans

Quel est le sens de l'apprentissage? C'est ce que demandent à leur façon ces enfants.

Pourquoi faire effort si l'on ne sait pas pour quoi?

« Pourquoi? À quoi ça sert? » sont des questions récurrentes tout au long de la scolarité.

Apprendre est un investissement à long terme qui ne produit pas ses fruits tout de suite. Accumuler des connaissances permet dans le temps de construire un savoir, lequel est indispensable pour agir dans le monde. L'enfant a du mal à comprendre comment toutes les informations qu'il accumule au fil des cours peuvent un jour se relier entre elles et lui être utiles.

S'il ne trouve pas de sens au présent dans le parcours de sa scolarité, il faut l'aider à se donner des buts à court terme, qui lui apportent du plaisir par la gratification de réussites, quelles qu'elles soient.

De plus, il ne faut pas oublier qu'en éducation, l'exemple est le meilleur des enseignements. L'enfant est plus enclin à trouver du sens dans ses apprentissages s'il sent que ses parents en mettent dans leurs actions quotidiennes, dans leur travail. À l'adolescence, il ne sera pas forcément moins révolté, mais sera moins en refus douloureux, moins perdu.

Confronté à lui-même, il apprend à se connaître, à se reconnaître : émerge ainsi son désir d'apprendre.

Couper le cordon ombilical lui donne accès à une pensée indépendante. Il pense seul, fait seul, réfléchit, expérimente, poussé par un désir singulier, le sien.

Malheureusement, le désir de certains enfants ne peut se dissocier de celui des parents. S'ils ont un statut souvent confortable tant qu'ils sont petits, cela devient infiniment plus difficile à l'adolescence. **Ils travaillent pour faire plaisir** à leurs parents ou ne pas subir leurs reproches, et ce qui leur paraît normal au primaire devient une plainte, un reproche plus tard, quand ils sont au secondaire. Ils perdent toute motivation à travailler. D'où l'importance de les aider très tôt à se découvrir capables de penser avec plaisir, à apprendre pour eux, pour se construire.

Psycho

Ne pas dire… mais dire

Ne pas dire « Tu travailles pour toi, pas pour moi », l'enfant pouvant vivre cela comme un désintérêt.

Ne pas dire non plus « Travaille pour me faire plaisir », qui a toutes les chances de générer un chantage affectif.

Dire : « Si tu travailles, tu as toutes les chances de réussir, et tu en seras heureux. Et moi, je serai fier de toi et heureux de t'avoir aidé. »

Attitudes positives des parents :

- Encourager l'affirmation personnelle de l'enfant.
- L'aider à assumer ses choix.
- Le laisser expérimenter à sa façon.

L'estime de soi

L'estime de soi d'un enfant dépend en grande partie du regard que lui portent ses parents.

Il a besoin de savoir qu'il est important pour eux, qu'il est digne de leur amour, et ce quels que soient ses résultats scolaires. Il a besoin de se sentir en sécurité, il est alors moins susceptible d'avoir peur des échecs, plus enclin à essayer de nouvelles choses. Un environnement stable sur lequel il peut compter, des règles et des limites claires, l'intérêt des parents à ce qu'il ressent, à ce qu'il croit, lui donnent confiance en sa capacité à être aimé, confiance en ses compétences et en ses qualités.

> **Astuce**
> Regards et sourires en disent souvent bien plus que de longs discours.

L'estime de soi n'est pas acquise définitivement, et il suffit d'échecs répétés – dans l'apprentissage de la lecture, par exemple –, ou d'une simple réflexion d'un enseignant pour la remettre en cause. Mais, à l'inverse, l'estime de soi est « réparable ». On peut l'améliorer par une attitude bienveillante et positive; par la valorisation des talents, des particularités qui font l'identité de l'enfant.

> **Le saviez-vous**
> Ce sont les actions réussies qui changent l'image de soi et non de simples encouragements tels que « Tu vas y arriver ».

Une estime de soi défaillante se révèle par le renoncement trop rapide dans les apprentissages à l'école et l'abandon des activités extrascolaires, par des provocations fréquentes ou des oppositions. Ou encore par le déni: là, c'est l'enfant qui dit savoir mais qui ne sait pas.

?

Est-ce vrai ?

On dit : « Si on veut, on peut. »

Oui et non. Combien d'enfants ont l'impression sincère de vouloir et pourtant ne peuvent pas. Disons que cet axiome est réducteur, la volonté offrant un large éventail qui va du simple désir à la volonté venue du plus profond. Et seule celle-là, épaulée par maints facteurs, donne accès à la motivation.

Attitudes positives des parents :

- Apprendre à l'enfant à être fier de ses réussites.
- Lui rappeler régulièrement ses forces, ses atouts.
- L'écouter en manifestant un intérêt sincère.

La confiance en ses capacités

La confiance en ses capacités joue un rôle dans la motivation et les résultats d'une activité. Cette confiance peut évidemment varier d'une matière à l'autre. Ainsi, un élève qui se sent compétent en français a plaisir à faire une analyse de texte qui présente des difficultés, il met de l'ordre dans les propositions subordonnées qu'il est en train d'étudier (relatives, complétives, circonstancielles), et cherche à identifier leurs différences. Il gère son temps de travail et persévère quand il rencontre un obstacle. Il domine assez bien l'anxiété des contrôles. Ses résultats en français le reflètent. Ils sont bons. Mais si ce même élève manque de confiance en maths, il se désintéresse du cours, travaille de façon superficielle. Ses résultats sont médiocres. Le fait de se désinvestir lui permet de garder une bonne estime de soi : ce n'est nullement parce qu'il n'a pas les capacités qu'il échoue, mais par manque d'intérêt.

Il existe une relation bien réelle entre confiance et performance. La confiance en ses capacités dépend des succès et des échecs. Ce n'est pas le résultat en tant que tel qui importe mais l'interprétation qu'on en tire. Si notre élève considère que sa réussite dans un exercice de maths est due au fait que le professeur a été « cool » avec lui et lui a donné à faire au tableau des produits de nombres relatifs trop faciles, cette réussite ne renforce pas sa confiance en lui. S'il a appris sa leçon d'histoire et échoue le lendemain à répondre aux questions, la confiance qu'il a en ses capacités est entamée.

Attitudes positives des parents :
- Aider l'enfant à avoir de petites réussites dans les matières où il manque de confiance.
- Lui apprendre à se dégager de ses croyances négatives.
- Lui proposer des défis à sa mesure.

Comment le motiver ?

L'enfant ne fait pas d'effort, ne s'intéresse pas à son travail. Comment le motiver ? Cette question exprime sans doute la préoccupation essentielle des parents. Elle est aussi celle à laquelle il est le plus difficile de répondre parce que la motivation dépend de nombreux facteurs : estime de soi, confiance en ses capacités mais aussi croyances, valeur attribuée à l'activité et sentiment d'exercer un contrôle sur elle, objectif/but, besoins, choix, préférences, projection de soi dans l'avenir.

La motivation n'est jamais déclenchée par une injonction extérieure. On ne peut tabler sur le rationnel. L'enfant étant plus sensible aux intentions qu'aux discours, il ne faut pas espérer le motiver en lui donnant des arguments logiques pour lui faire comprendre l'importance d'apprendre ses tables de multiplication. Pourtant le rôle de l'enseignant et celui des parents sont déterminants. Un regard positif, un mot valorisant une réussite remarquée même minime (après des efforts, l'enfant sait que 7 x 7 = 49 et non 48) peuvent mener à une autre réussite (la mémorisation de la table de 7) et le mettre en confiance pour retenir les tables qui le font tant souffrir.

? Est-ce vrai ?

On dit : « La motivation relève de l'identité scolaire de l'enfant. »

Oui, elle dépend pour une grande part de la connaissance de soi, avec ses capacités et ses points faibles. Une identité acquise dans son parcours, où erreurs et réussites alternent.

Mais réduire un enfant à ses facilités ou difficultés scolaires serait le réduire à une identité très éloignée du réel puisqu'il n'existe pas dans la vie de parcours linéaire de réussite ou d'échec.

Mais si la motivation dépend de l'enfant, des moteurs extérieurs sont nécessaires à l'enclencher, tels l'intérêt ou la nécessité. L'apprentissage doit avoir un sens, être nouveau et assez attractif pour susciter son élan. « Avoir un sens » veut dire que l'enfant ressent l'utilité de ce qu'il apprend, ou encore qu'il est touché profondément. Cela doit répondre à une interrogation intérieure, le valoriser et ajouter à sa construction. Ayant conscience de l'utilité de ce savoir, l'enfant se rend alors disponible, il peut s'investir, faire effort pour mémoriser, comprendre, réfléchir. L'intériorisation d'une connaissance est

Le saviez-vous ?

On est motivé quand on sait comment s'y prendre pour réussir une tâche.

possible si naît au fond de lui l'intention de s'approprier ce qu'on lui donne à apprendre.

Attitudes positives des parents :

- Être au clair avec soi-même pour éviter de projeter ses angoisses sur l'enfant.
- Montrer l'exemple : plaisir à découvrir, plaisir à faire effort, plaisir à réussir.
- Accompagner l'enfant en le sécurisant, le stimulant, le valorisant.

Projet de vie

L'enfant s'investit à l'école s'il a un **projet personnel pour donner un sens à ce qu'il apprend**. Ce n'est pas celui de l'élève mais celui de l'enfant qui projette vers l'avenir une image positive de lui-même.

Psycho

Lièvre ou tortue

Chacun avance à sa façon dans sa construction intellectuelle. À chacun son rythme, son parcours. Aussi fait-on une erreur en comparant des frères, en opposant un frère à sa sœur plus brillante. On valorise ce qui fait leur identité propre, leurs ressentis, leurs curiosités, leurs talents particuliers, et pas forcément scolaires.

On s'intéresse aux progrès qu'ils font par rapport à leur propre désir et au rythme qui est le leur, des progrès que l'on ne peut comparer à ceux des autres.

Ce projet, c'est dès la naissance qu'il a été initié par les parents. S'ils ont accueilli l'enfant dans la lignée familiale et avancent dans la vie sans angoisse, avec curiosité et désir, ils lui donnent un élan positif. Privé de cet élan, l'enfant ne peut trouver une motivation au travail scolaire qui demande des efforts, des contraintes, parfois des souffrances. Le savoir ne trouve aucune résonance en lui.

C'est la sécurité affective qui permet d'avancer. Pour prendre forme, le **projet de vie** doit être porté, soutenu par les parents. Un enfant se tend vers son avenir s'il se sent accompagné intérieurement, s'il est en sécurité dans le présent.

Attitudes positives des parents :
- Faire confiance à la vie.
- Respecter l'enfant.
- Prendre appui sur le présent pour ouvrir l'avenir.

La vie émotionnelle

La mémoire enregistre tout le vécu et le répertorie en situations qui ont amené du plaisir – donc à reproduire –, et en d'autres qui ont procuré du déplaisir, voire de la souffrance – donc à éviter.

La mémoire signale en permanence à l'élève si la situation présente (une dictée, un contrôle de maths) ressemble de près ou de loin à une situation passée.

Le plaisir

Quand un élève réussit en classe, il ressent du plaisir à travailler, à être gratifié par des encouragements, des félicitations. Il a envie de reproduire ce qu'il a vécu pour être à nouveau récompensé. Il est motivé, s'implique dans l'apprentissage. Et les expériences positives se succèdent, avec toujours le plaisir et la gratification. L'élève est sérieux, il est heureux d'aller à l'école, de faire ses devoirs, d'apprendre ses leçons.

Psycho

Exprimer les peurs

Lorsque l'enfant a peur pendant un contrôle, lorsqu'il est stressé par un devoir de maths qui le met en difficulté, son corps réagit à ces émotions négatives (son cœur bat plus vite) et le cerveau en est aussitôt informé. La perception des émotions accapare le cerveau qui tourne alors au ralenti, et toute réflexion devient difficile.

D'où l'importance d'aider l'enfant à vaincre ses peurs : les lui faire exprimer verbalement, parler de la note qui est moins importante que le sérieux de son travail, dissocier amour filial et résultat scolaire.

Lorsque la peur et le stress disparaissent, les signaux émanant du corps deviennent positifs, la vie mentale reprend un cours normal et l'enfant peut à nouveau imaginer, mémoriser, comprendre et réfléchir.

L'élève s'est installé dans un système où le travail scolaire lui amène du plaisir, donc à reproduire.

Le déplaisir, la souffrance

Un autre élève, confronté à des difficultés, frustré par des résultats décevants, se trouve plongé chaque jour dans des situations inconfortables, parfois même douloureuses. Aucune gratification n'est à espérer. Trois possibilités s'offrent à lui.

- L'une d'elles est **la fuite**, premier réflexe de protection. L'élève ne trouve plus d'intérêt à ce qu'on lui enseigne, il se désinvestit, perd pied, finit par abandonner : il devient doux rêveur ou cancre. Il se protège en contournant les situations, se maintient ainsi en équilibre psychologique.

- Quand la fuite n'est pas possible, l'élève choisit **l'agressivité** pour échapper à la pression, à la tension émotionnelle qu'elle génère. L'attitude des enseignants et des parents ne lui permet pas de s'isoler dans sa bulle. Alors il se retourne contre eux. C'est l'impossibilité où il est mis de fuir qui déclenche son agressivité. Ce comportement d'attaque est en fait une défense contre ceux qu'il ressent comme lui étant hostiles. Il défie ses parents, il provoque ses professeurs qui le disent indiscipliné et impertinent. Il entre en conflit avec des camarades, peut même faire acte de violence.

Le saviez-vous ?
La communication est la clé du bon équilibre de l'enfant et de son intégration scolaire : parler avec l'enfant de ce qui l'intéresse ou le préoccupe.
Parler sans avoir en permanence un objectif scolaire.

- Une autre voie s'offre à lui : s'enfermer dans **un état d'impuissance**. Souvent parce qu'il a été empêché de fuir ou de se réfugier dans l'agressivité. Les reproches des parents, des enseignants ont eu raison de lui. Il s'est résigné. Il ne participe pas vraiment en classe et, en dehors de l'école, ne montre pas de curiosité intellectuelle. Il souffre d'affections psychosomatiques, d'insomnies dues à l'angoisse. Il subit (voir les travaux d'Henri Laborit).

Attitudes positives des parents :

- Apprendre à l'enfant à s'adapter aux situations difficiles, à n'en pas souffrir outre mesure.
- Communiquer, parler, écouter.
- Générer du plaisir par des messages d'estime.

Élève motivé, élève démotivé

L'élève motivé ressent l'importance et l'intérêt des activités qui lui sont proposées. Il pense pouvoir les mener jusqu'au bout, et ce ne sont pas tant ses capacités réelles qui importent que celles qu'il croit avoir. Il s'implique, fait un travail en profondeur. Il réfléchit à ce qu'il fait. Il comprend ses leçons, s'interroge sur ses devoirs, s'arrête à ses erreurs, les analyse.

L'élève démotivé utilise des stratégies qui ne l'impliquent pas. Il se limite à la mémorisation et à un travail qui ne passe pas par la réflexion : lire plusieurs fois la leçon de géographie, l'apprendre par cœur, recopier l'autodictée sans analyser l'orthographe des accords. Il n'est pas vraiment à ce qu'il fait. D'où des difficultés, qui l'amènent à dévaloriser l'activité où il échoue et lui renvoient une mauvaise image de lui-même : il ne se croit pas capable d'apprendre, d'être dans la réussite, toutes choses qui participent un peu plus à sa démotivation. Il est enfermé dans un cercle vicieux.

Les réussites au service de la motivation

Le manque de motivation est le plus souvent l'expression d'un découragement faisant suite à de longues journées qui se répètent, semaine après semaine, mois après mois, pendant lesquels un enfant se trouve en difficulté alors que ses camarades semblent à l'aise dans l'apprentissage.

Il faut tout d'abord éviter d'exprimer de la colère quand il a un zéro à une dictée, ou éviter de lui répéter que décidément il n'est bon à rien, qu'il ne fait pas d'effort. Mieux vaut, plutôt que de s'arrêter à sa note, commenter son travail, constater le progrès accompli : les mots difficiles écrits correctement, les accords auxquels il a pensé. Reconnaître ses efforts – et il y a toujours, même pour un enfant très démotivé, un temps où il a fait un effort. Les parents doivent être attentifs non aux moments où il s'est laissé aller, mais à ce moment précieux où il a fait un travail avec sérieux, même si, pour une raison ou une autre, il n'est pas récompensé par une bonne note. Là est le rôle des parents.

On aide l'enfant à se créer une image positive de lui-même en favorisant des succès : le fait de réussir et le plaisir qui en découle sont essentiels pour lever certains blocages, pour lui donner confiance en ses possibilités. S'intéresser à tous ses progrès, si minimes soient-ils (en s'appuyant sur les activités extrascolaires), c'est exprimer la confiance en sa capacité de réussir. Les renforcements positifs sont de loin préférables aux réprimandes, sources de tensions qui conduisent souvent à la résignation. Assurer un enfant qu'il a les capacités nécessaires, et il progresse.

On part d'une réussite pour le conduire à une autre. Chacune d'elles est valorisée. Toute activité en dehors du cadre scolaire sert d'exemple car, pour avoir été réussie, elle exprime des qualités comme la concentration, la compréhension et l'imagination. C'est grâce aux actions réussies que l'enfant améliore son image de soi.

On montre dans sa propre vie que la réussite s'accomplit à partir du moment où l'on a mobilisé tous ses efforts, son attention, sa volonté pour atteindre l'objectif visé.

Hors du champ scolaire, le soutien des parents passe par une attention à sa curiosité intellectuelle, par l'exemple de leur propre curiosité et du plaisir à faire effort.

Attitudes positives des parents :

- Féliciter l'enfant sans faire suivre le « bravo » par un « mais ».

- Lui donner une chance en y croyant.
- Lui fournir dans le quotidien des occasions d'être responsable de ses actions.

Motivé mais résigné

À quel moment un enfant connaît-il la démotivation ? Est-ce dès la première année d'école, dès les premières difficultés ? Combien en affronte-t-il avant de se désinvestir des activités scolaires ?

Il semblerait que, dans un premier temps, les élèves qui peinent à l'école prennent malgré tout plaisir aux activités et accordent à l'école la même importance que les autres. Ce qui les différencie est qu'ils se découragent plus vite et abandonnent plus rapidement un exercice en cas d'échec. Il est vrai qu'à l'entrée du primaire, les exercices sont encore revêtus d'un habillage divertissant qui les rend moins arides. Ces élèves ne sont pas démotivés, ils sont tout simplement résignés à n'être pas bons.

Tout change, deux ou trois ans plus tard, quand on aborde l'orthographe, le calcul, de façon moins ludique. De plus, les évaluations se font plus prégnantes et, qu'on le veuille ou non, la comparaison s'installe. Comment, dans un climat de compétition, résisteraient-ils ?

Si l'enfant est en difficulté depuis l'apprentissage de la lecture, il a eu l'occasion d'être tant de fois confronté à l'échec que sa motivation a fini par être ébranlée. Mais, dans les deux premières années du primaire, l'appréciation du maître « Ne réussit pas car n'est pas motivé » semble peu appropriée à la plupart des élèves.

Question de parents

Quelle attitude avoir face à un enfant pour qu'il ne renonce pas dès les premières difficultés ?

« Je ne comprends rien aux verbes. Pourquoi je les apprendrais ? » Chloé, 10 ans

« Je suis nul en soustraction. Je serai toujours nul. » Bastien, 8 ans

« J'aime les maths. Mais cette année, ça devient difficile. » Jean, 14 ans

Un échec, puis un deuxième, un effort pour comprendre, pour apprendre sans doute, puis une mauvaise note. Ces enfants ont renoncé. L'une à apprendre les conjugaisons, l'autre à faire les soustractions. Il est à craindre qu'une difficulté dans une autre matière n'entraîne là encore un renoncement à tout effort. On entre dans une spirale qui mène à la démotivation scolaire.

Réagir trop brutalement et brusquer l'enfant, ou encore se moquer de son manque de volonté renforcerait le blocage. Il faut trouver rapidement le moyen de l'aider à franchir un obstacle afin qu'il mémorise une réussite. Petit obstacle, petite réussite, puis un obstacle un peu plus difficile à surmonter. C'est le début d'une reprise de confiance en soi.

Le jeu ou encore le sport sont idéals pour apprendre à persévérer et à surmonter les obstacles. L'enfant fait preuve de plus d'obstination dans ces domaines où il se sent davantage à l'aise que dans le scolaire.

Attitudes positives des parents :

- Rassurer l'enfant sur sa capacité à progresser.
- Lui donner de bonnes méthodes de travail.
- Passer du temps avec lui à des activités non scolaires qui le valorisent.

Résistance à l'apprentissage

Il existe une résistance, celle de tout enfant à être éduqué. Quel parent ne l'a pas ressentie à un moment ou un autre ? Mais au fond n'est-elle pas légitime ? Pourquoi déciderait-on du pourquoi et du comment à sa place ? Pourquoi devrait-il apprendre ce que l'on tente de lui transmettre avec des mots qui ne veulent pas dire les mêmes choses que les siens, avec des références qui lui sont étrangères, avec une façon de penser qui n'est pas forcément la sienne ? Il ne sert à rien de tenter de briser cette résistance, au risque de le démotiver tout à fait. Mieux vaut l'aider à se sentir concerné et en sécurité, mieux vaut montrer de l'enthousiasme quand on travaille avec lui.

Les enseignants reconnaissent à leur comportement physique et mental les élèves qui ne sont guère impliqués dans un cours. Il ne s'agit pas d'inactivité mais plutôt de désintérêt. Il y a le rêveur, celui dont les pensées vagabondent : le corps avachi sur la table ou tassé sur la chaise, le regard vide. Visiblement, son esprit est ailleurs. Il flotte au gré de ses pensées, revient au cours pour en saisir des bribes, malheureusement pas toujours l'essentiel.

Il y a aussi le distrait qui a du mal à rester immobile. Le corps agité signale ses difficultés à fixer son attention. Il est occupé à d'autres sujets. Il travaille en pointillés quand le ton du maître le ramène au réel ou à un changement d'activité, mais il se laisse distraire par ce qui se passe dans la classe : un chuchotement derrière lui, une trousse qui tombe.

Le saviez-vous ?
Deux élèves sur trois vivent le redoublement comme une humiliation. La motivation dans l'année du redoublement est moins forte que lors de l'année qui précède.

Attitudes positives des parents :
- Confier à l'enfant des responsabilités adaptées à son âge.
- L'aider à développer sa liberté personnelle.
- Encourager sa curiosité intellectuelle.

Le stress de l'enfant

Le stress est-il spécifique à l'adulte confronté au monde du travail ? On l'a cru longtemps. Ou disons que l'on ne s'est pas interrogé sur la souffrance de l'élève : rythmes scolaires lourds, exigences parentales, rapport aux autres enfants. Il se trouve plongé à l'école dans un milieu qui est loin d'être aseptisé et ressemble étrangement à celui des adultes : rythme de travail, pressions, enjeux.

Dès l'école primaire il y trouve la compétition, la comparaison, le regard critique, l'exigence de la performance, le refus du droit à l'erreur. Il a peur d'être ridicule s'il se trompe, d'être mal jugé par l'enseignant mais aussi par ses camarades, d'être agressé. Il craint les moqueries, redoute de ne pas être à la hauteur des autres. Et quand il rentre chez lui, il se sent encore sous pression. « L'école » est présente, dans sa chambre où il fait ses devoirs, à la cuisine où on le prie de finir son goûter, à l'heure du dîner où il est sous les questions des parents.

> **Le saviez-vous ?**
> Facteurs de stress :
> Sept élèves sur dix ont peur des contrôles.
> Deux sur dix souffrent des menaces de redoublement.
> Trois sur dix craignent l'agressivité ou les moqueries de leurs camarades.

Comment ne serait-il pas stressé ? Quand il apprend à lire, on s'inquiète s'il ne montre pas d'aisance dès le premier trimestre. Un an plus tard, on évoque la dyslexie s'il a des lenteurs en lecture et bute sur certaines syllabes. Bien avant le secondaire, on doute de ses capacités à y entrer. Et, plus tard, chaque difficulté menace son passage en classe supérieure.

Le rythme scolaire est tel que l'enfant n'a pas vraiment le temps de décompresser, de jouer, de ne rien faire, de se libérer de ses tensions, de son trop-plein d'énergie. Il doit lire, apprendre ses leçons, faire ses devoirs ou mettre un point final à un travail qu'il n'a pas eu le temps de terminer en classe. Il doit aussi se dépêcher pour mener à bien les activités extrascolaires (piano, tennis, judo, dessin...), activités excellentes par ailleurs mais qui souvent ne lui laissent pas un temps pour récupérer, pour libérer sa pensée du « faire ».

À quoi reconnaître un enfant stressé

Il y a tout d'abord celui qui n'est jamais content. C'est un enfant triste, irritable. Tout doit être parfait ; aussi la moindre contrariété à l'école, une mauvaise note ou une réflexion, le mine. Il a peur d'arriver en retard, de ne pas savoir sa leçon. Il ne parvient pas à se mettre à juste distance, à trouver un équilibre, à différencier en lui l'élève et l'enfant qu'il est. Il est sous pression permanente et cela se voit le week-end : il a du mal à se relaxer.

> **Astuce**
> On bannit le « ce n'est rien » quand un enfant est stressé. On le laisse tout simplement exprimer ce qu'il ressent. C'est déjà beaucoup.

Il y a aussi celui qui somatise à tout bout de champ : maux de tête le dimanche soir ou le lundi matin, maux de ventre. Le moindre virus qui traîne est pour lui. Il mange mal, a le sommeil difficile.

Un autre est irritable, systématiquement agressif, ou encore a de fréquentes crises de larmes. Il a moins d'allant à se mettre au travail, éprouve des difficultés à se concentrer, voire refuse d'aller à l'école.

Attitudes parentales positives :
- Avoir des attentes réalistes.
- Respecter le rythme d'apprentissage de l'enfant.
- Éviter de parler de l'école à table ou au cours de réunions familiales.

Refus d'aller à l'école

Tous les enfants éprouvent à un moment à l'égard de l'école une certaine appréhension, un désir d'être ailleurs. Cette peur est le lot des petits qui font leur rentrée. Il arrive que la peur gagne en intensité et devienne une angoisse qui surprend par son côté incompréhensible. Elle tient de l'inhibition. Elle touche même les adolescents qui – pour des raisons psychologiques variées – sont dans l'impossibilité d'aller en cours et résistent par des crises d'anxiété très fortes quand on tente de les y forcer.

Le refus d'aller à l'école chez les enfants de primaire (4 %) est lié à une angoisse de séparation. Cette angoisse peut être renforcée par l'appréhension du milieu scolaire.

L'enfant vit dans la détresse, parfois la colère, quand arrive l'heure d'aller à l'école. De plus, il ne supporte pas de rester seul chez lui dans la journée et refuse de s'endormir loin de ses parents. En classe, il sombre dans la tristesse et ne peut maîtriser le désir impérieux de retrouver les siens. Il doit toujours avoir un proche – principalement la mère – à portée de main. On pourrait le croire exclusif et capricieux s'il ne souffrait de maux physiques : maux de ventre, maux de tête, vomissements.

Il rumine des craintes irréalistes au sujet de drames qui pourraient arriver à sa famille, tels que maladie grave, accident, mort ou disparition. Ou il peut avoir peur pour lui-même, et là il fantasme des agressions, des enlèvements.

Le trouble anxieux de séparation est sous-tendu par un système familial ambivalent. On veut que l'enfant soit autonome mais, dans le même temps, il n'est pas encouragé à « grandir » et même, dans certains cas de conflit conjugal, il est plus ou moins clairement récompensé de son attachement exagéré à l'un de ses parents.

L'enfant retourne à l'école quand il peut oser être autonome sans craindre la perte des personnes auxquelles il est attaché, ses parents.

?

Est-ce vrai ?

On dit : « La phobie scolaire est une souffrance pour l'enfant. »
Oui. Tout enfant, surtout l'adolescent, veut ressembler à ceux de son âge. Or la normalité, c'est d'aller à l'école. D'où honte et frustration de ne pas y parvenir, culpabilité envers ses parents. D'autant plus fortes que la phobie s'installe.

Anxiété à la suite d'un racket ou d'une agression, panique à chaque contrôle, phobie sociale, agoraphobie, état dépressif, troubles du comportement, l'adolescent, qui pour une raison ou une autre interrompt un temps sa scolarité, a beaucoup de mal à revenir à des habitudes d'élève classique. Comme il a développé des lacunes, quand il tente un retour en classe, il se heurte à des difficultés ; il se trouve aussi face aux autres élèves, curieux mais pas vraiment compréhensifs, moqueurs parfois. Il se sent en marge, ce qui renforce sa phobie. D'où l'importance de consulter un médecin avant que le trouble anxieux ne s'installe. Plus l'absence est longue, plus le retour à l'école est difficile.

Attitudes positives des parents :
- Autoriser l'enfant à être autonome.
- Le pousser à investir l'extérieur.
- L'inciter à des activités de groupe.

Les règles d'or

- Dissocier son désir et celui de l'enfant
- Sécuriser l'enfant affectivement
- Montrer que ce qu'il fait intéresse
- Lui donner confiance en ses capacités
- Lui offrir la possibilité de surprendre
- Valoriser ses réussites quelles qu'elles soient.
- L'encourager à assumer ses choix
- Proposer des défis à sa mesure
- L'aider à trouver du sens, à se donner des buts
- Faire en sorte qu'il ait du plaisir dans son apprentissage

2

Apprendre avec ses parents

Ou comment apporter le savoir autrement

Quel est le rôle des parents ? Peuvent-ils être des éducateurs et seulement cela, ou doivent-ils prendre à la maison le rôle d'instructeurs lorsque leur enfant rentre de l'école ? Comment favoriser ses apprentissages ? En participant, plus ou moins, à l'élaboration de ses devoirs ? En adoptant une attitude positive et active ? Que peuvent-ils faire par ailleurs pour l'aider à s'épanouir intellectuellement ? En dehors de toute référence scolaire, quels sont les enrichissements possibles ?

On comprend l'importance de ces interrogations quand on sait que l'enfance est le moment où se construit l'image que l'on a de soi, et que celle-ci repose en grande partie sur la réussite scolaire.

Les parents ont un rôle déterminant à jouer pour guider l'enfant. Il leur faut trouver la distance adéquate, le bon rythme d'accompagnement, trouver un juste équilibre entre leur intérêt actif pour le scolaire et la vie de la famille.

Le suivi de la scolarité ne doit pas accaparer tout leur temps. Ils ont une autre tâche à mener : ouvrir l'enfant à la curiosité du monde pour qu'il y prenne de quoi se construire.

?

Est-ce vrai ?

On dit : « Le travail à la maison améliore la réussite scolaire. »
Non, si les parents recommencent l'école après l'école.
Oui, si les parents savent bien délimiter le temps imparti au scolaire.

L'apprentissage, quand il se fait avec l'assistance des parents, dépend de la relation de travail, relation où doivent être alliés le ludique et la rigueur, le respect mutuel, l'écoute et la disponibilité.

Les devoirs à la maison

On apprend en cours, on révise à la maison. Cela devrait être ainsi. Le travail à la maison est là pour permettre de consolider les acquis de la journée, de vérifier que le cours a été assimilé. En fait, cela dépend de plusieurs facteurs : le degré d'attention de l'élève en classe, les difficultés rencontrées à ce moment : le bruit ambiant, une incompréhension aux explications du professeur ou encore un manque de connaissances qui nuit à l'apprentissage. Aussi la charge du travail à domicile, ressemblant

Le saviez-vous ?

Attentes des parents quant au travail à la maison :

- Ancrer les notions apprises à l'école : 75 %
- Permettre un suivi : 61 %
- Développer l'autonomie de l'enfant : 53 %
- Remédier aux difficultés : 42 %
- Apprendre l'effort : 40 %

souvent davantage à un apprentissage qu'à une simple révision, paraît démesurée aux enfants.

Ils reviennent le soir avec des devoirs et des leçons à apprendre. Ce travail empiète sur leur temps de loisir, leur temps de repos. Un élève de dix ans peut avoir une heure de travail sans que cela choque. Or cet élève a déjà passé six heures sur les bancs de l'école, et il faut savoir que le développement physiologique et intellectuel d'enfants de cet âge s'accommode mal de journées trop longues.

Le saviez-vous ?
Pas de critiques devant l'enfant : ni sur les enseignants, ni sur les devoirs à faire, au risque de le démotiver.

Avec l'entrée au secondaire, le travail à la maison s'intensifie. Les enfants sortent des cours avec de quoi occuper, selon les classes et les professeurs, la fin de la journée et une bonne partie des week-ends.

?

Est-ce vrai ?

On dit : « Le travail à la maison favorise le développement de l'autonomie chez l'enfant. »

Oui, s'il le fait seul, les parents apportant une aide ponctuelle.
Non, s'ils s'impliquent trop dans la tâche.

Les exercices doivent être réalisés sans l'aide d'un adulte, les enseignants insistant sur le travail autonome de l'élève. Mais dans quelle mesure les parents interviennent-ils ? Toutes les enquêtes sont claires : les enfants sont le plus souvent accompagnés ou aidés par leurs parents – la mère dans 85 % des cas.

Les parents : enseignants bis ?

L'enfant a besoin pour se construire de s'approprier des espaces. L'école est son espace personnel. C'est un lieu de socialisation, nécessaire pour y développer une image de lui-même, loin des enjeux familiaux. Il y a l'école et il y a la maison. Il y a les enseignants et il y a les parents. Il est bon qu'existe un lien entre les deux, que les parents, par une attitude responsable, s'intéressent et suivent de près la scolarité de leur enfant, mais il n'est pas souhaitable qu'ils deviennent des enseignants bis, au détriment de leur rôle de parents. L'espace familial doit se préserver de trop de « scolaire ».

Psycho

L'enfant est une personne, non un élève

À vouloir trop bien faire pour leur enfant, des parents angoissés surinvestissent le scolaire et finissent par créer une situation explosive : on a un enfant, devenu adolescent, qui est dans l'incapacité d'étudier par opposition à ses parents à qui, pense-t-il, l'école seule importe ; et on a des parents désarmés ne trouvant plus d'autre attitude possible que les reproches. Et, bien entendu, ces reproches enfoncent davantage l'adolescent dans sa non-motivation.

On ne met pas son enfant sous pression. On laisse le travail scolaire à sa place, et surtout on prend garde qu'il n'investisse pas l'espace affectif. Quand affectivité et travail sont mêlés, la moindre difficulté scolaire devient un drame alors qu'elle devrait n'être qu'un problème, résolu d'autant plus facilement que les parents ont tenu éloignée leur inquiétude de l'avenir. L'enfant doit se sentir aimé quels que soient ses résultats. Son désir légitime est d'être pour ses parents une personne et pas seulement un élève.

Pourtant, parce que les années à l'école sont décisives, il leur incombe de s'investir, d'adopter une attitude positive, active et efficace. Ils sont des accompagnateurs, attentionnés et intéressés, des facilitateurs.

? Est-ce vrai ?

On dit : « L'aide des parents exerce un effet positif sur le rendement des élèves. »

Oui, si les parents sont attentifs et heureux de partager ce temps avec l'enfant.

Non, si les parents sont pressés et manquent de patience.

Le travail à la maison doit se faire dans un climat serein. Il est efficace à une condition : que l'enfant sente un minimum d'intérêt de la part des parents. Non pour ses notes mais pour ce qui l'intéresse, ce qu'il a vécu à l'école, pour sa vie émotionnelle ou encore ses réussites et les obstacles qu'il rencontre dans une matière.

Or les tensions sont fréquentes, d'autant plus quand il a des difficultés à l'école. Il s'attarde à son ordinateur ou devant la télé, rechigne à se mettre à sa table, manque d'attention, ne comprend pas une consigne, et ses parents perdent patience, s'énervent. L'enfant entre alors dans un état émotif qui le prive davantage de ses facultés, il ne parvient plus à se concentrer, à réfléchir. Quant à la mémorisation, ce n'est pas ce qu'il doit apprendre qu'il retrouve plus tard en mémoire, mais l'énervement ou du moins un sentiment pénible, bloquant l'accès à la connaissance. Voilà ce qu'il risque de mémoriser : une inefficience et une perte d'estime face à ses parents.

Les parents et le travail à la maison

Les premières années de primaire sont difficiles à vivre. L'enfant a souvent du mal à s'adapter : horaires, rythme, privation de liberté de mouvement, pression du travail, et déjà la peur de ne pas réussir. Psychologiquement et scolairement, il attend beaucoup de ses parents. Au fil des années, le volume de travail s'alourdit, et les exigences des enseignants se font plus pressantes. L'enfant entre dans une période de sa vie où la présence des parents tient d'un équilibre fragile que la moindre remarque, la plus petite intervention peuvent mettre à mal.

> **Le saviez-vous ?**
> 5 % des élèves de primaire n'ont jamais de devoirs à faire.
> 25 % en ont irrégulièrement.
> 70 % en ramènent tous les soirs.
> 60 % des adolescents font en moyenne une heure et demie de devoirs tous les jours.

Le rôle des parents demande de l'habileté pour faire du travail à la maison un moment d'échanges et non un champ de bataille.

Ce que l'enfant attend de ses parents :

- Il espère une présence au retour de l'école.
- Il attend qu'on s'intéresse à son travail sans pour autant que l'on se montre inquisiteur.
- Il désire qu'on remarque ses nouvelles compétences.
- Il a besoin qu'à chaque difficulté on dédramatise.
- Il veut qu'on l'encourage, qu'on le rassure.

Pour répondre à son attente, les parents :

- Écoutent l'enfant pour comprendre l'élève.
- Aident sans s'appesantir dans des explications trop longues.
- Font parler de ce qui a été vécu, de ce qui a été appris.

- Donnent des objectifs réalistes et rapprochés dans le temps.
- Félicitent pour les progrès ou les efforts.

Psycho

Croire qu'il peut réussir

Quand les parents reportent leurs propres inquiétudes sur l'espace scolaire de l'enfant, ils le déterminent et le privent de sa liberté d'apprentissage. L'enfant perd la curiosité, le désir de bien faire et d'apprendre qu'il porte en lui.

Davantage que les mots, c'est la croyance qui peut le rassurer. Plus on est persuadé que l'enfant peut réussir, plus ses chances effectives de réussite sont démultipliées.

Et les devoirs de vacances ?

Devoirs de vacances, voilà deux mots dont l'association a de quoi surprendre. Les devoirs supposant un apprentissage, et les vacances évoquant les loisirs et le repos, loin des conjugaisons, de la règle du participe passé et du théorème de Pythagore.

Arrivé fin juin, une question des parents revient, la même chaque année : « Que doit-il faire pendant l'été ? » Question d'autant plus impérieuse que l'enfant n'a pas été performant. Doit-il faire des dictées au retour de la plage ? Travailler sur les fractions ? Doit-il revoir les tables de multiplication ou ses cours de géométrie ?

Comment concilier devoirs et vacances ? Le pari semble difficile à tenir et les arguments sur leur utilité ne tiennent pas vraiment la route. Les enfants qui ont plaisir à travailler en été sont bons élèves et n'en ont nul besoin. Et le prétexte des révisions pour eux est fallacieux puisqu'en début d'année, les enseignants reviennent sur l'essentiel de l'année précédente.

Quant aux élèves en difficulté, il est rare qu'ils soient volontaires, et travailler se révèle à double tranchant : certes, ils peuvent faire enfin une soustraction sans oublier les retenues, ou résoudre une équation à deux inconnues, mais, parce qu'ils y mettent de la mauvaise volonté, ou que la situation les replonge dans un vécu difficile, il est plus que probable que ce travail/punition n'aille à l'encontre de toute motivation future.

De plus ce travail, qui met les parents dans une position d'instructeurs, risque de fausser le rapport enfant/parents tel qu'il devrait être pendant les vacances, moment idéal pour oublier les contraintes, pour vivre de façon plus libre et partager ensemble des activités autres que celles de l'année scolaire.

Des devoirs en vacances ? Oui

À deux conditions : la première est que l'enfant accepte les arguments de ses parents et soit suffisamment motivé, l'autre étant de faire une coupure d'un mois après la fin des classes pour le laisser décompresser, puis de limiter à une heure par jour le temps de travail. De plus, pour éviter les conflits, préjudiciables à l'apprentissage et à la bonne entente familiale, l'enfant trouvant toujours une occupation à faire et repoussant sans cesse le moment de s'y mettre, il s'agit de décider avec lui d'un horaire et de s'y tenir.

Nombreuses sont les familles à glisser dans leurs bagages un de ces cahiers de vacances assez ludiques pour ne pas décourager l'enfant. Mais s'il a été un « mauvais » élève, il y a peu de chances qu'il rattrape une année ratée avec un de ces cahiers. À vrai dire, leur rôle principal est de rassurer les parents.

Psycho

Avis cohérents

Les parents ont souvent des points de vue différents sur le travail de l'enfant, ses résultats, ses difficultés et son autonomie, sur l'espace de liberté à lui donner. Cela est normal, mais ils ne peuvent se présenter face à lui avec des avis contraires; ils doivent s'accorder auparavant. Leurs avis et leurs réactions doivent toujours être cohérents, sous peine de le déstabiliser. S'il existe un problème, ils en discutent en l'absence de l'enfant avant de prendre une décision commune. Après quoi, ils en parlent avec lui.

Quelle est leur efficacité réelle ? Une étude réalisée en 2001 par l'Iredu (Institut de recherche en économie de l'éducation) a démontré – en se basant sur des élèves de primaire – que ces cahiers permettent à l'enfant de garder ses acquis de l'année dans le cas seulement où il accomplit la totalité des exercices, du début à la fin. D'où obligation faite aux parents de s'investir dans le travail : ils doivent planifier le rythme des exercices, s'assurer qu'ils ont été faits et que les corrections ont été comprises. Or, les chercheurs responsables de cette enquête constatent qu'un quart seulement des enfants terminent leur cahier.

Des devoirs en vacances ? Non

Tout au long de l'année scolaire, l'enfant suit une voie indiquée par ses enseignants et dont il ne peut se détourner, d'où l'importance, l'été, de faire des activités par lui-même : écrire un journal, mener un projet à son terme.

On peut l'inciter à tenir son propre cahier de vacances : il y inscrit les événements de la journée, les résumés et critiques des livres qu'il a lus, des films vus, ses observations de sciences naturelles, des interviews, des informations sur des sujets qui l'intéressent, informations qu'il est allé chercher dans des livres ou auprès d'adultes.

Le but est de susciter la réflexion, l'imagination, non d'accumuler les savoirs. On met ainsi l'enfant dans une approche des connaissances différente de celle de l'école, ce qui permet souvent de déverrouiller des blocages.

Pendant les vacances, il existe maintes occasions pour les parents d'enseigner en oubliant le scolaire :

- l'histoire en visitant un château ;
- la géographie en parcourant la rive d'un fleuve ;
- les sciences en observant les marées ou des fossiles trouvés dans la campagne ;
- le calcul en partageant les coquillages ramassés au bord de mer ou les glands dans la forêt ;
- l'orthographe et la culture générale grâce à des chasses au trésor…

Il s'agit d'ouvrir de nouveaux champs d'intérêt, différents de ceux de l'école.

Psycho

La réussite est celle de l'enfant

Quand la réussite scolaire devient un enjeu de réussite pour les parents :

On a dans un cas un enfant performant, parfois même perfectionniste, mais souvent sous tension, de peur de décevoir ses parents.

On a dans un autre cas un enfant en échec scolaire, perdu et culpabilisé : la réussite se trouve au centre d'un conflit familial.

Apporter le savoir autrement

Le métier des parents est, davantage que de poursuivre strictement l'enseignement scolaire, d'apporter le savoir différemment. Par d'autres voies qui, pour paraître beaucoup moins sérieuses, le sont tout autant: les apprentissages, auxquels on ne donne pas ce nom, et qui sont les jeux, les observations du quotidien, les réponses aux questions, les activités diverses. Ils complètent le savoir donné par les enseignants. Ils ont une part infiniment plus importante qu'on ne l'imagine dans le développement intellectuel.

Les expériences qui apprennent

On dit que la moitié des hommes sont bricoleurs et que, dans la plupart des cas, pour plus de tranquillité ou encore de crainte que leur enfant ne se blesse, ils le tiennent à l'écart de leurs activités. Or il peut beaucoup y apprendre – et une fille tout autant qu'un garçon.

L'enfant observe, analyse, expérimente, représente, s'initiant à la démarche scientifique. Il conçoit, fabrique, transforme, acquérant les méthodes propres à la démarche technologique. Il développe ainsi le sens de l'objectivité, il apprend à avoir un but précis et à se donner les moyens d'y parvenir, il développe sa créativité.

- On lui donne des rudiments de savoir et de savoir-faire. On le met en situation de découverte et d'expérimentation. On répond à ses questions.
- On encourage le maniement d'outils. On donne à manipuler les objets hors d'usage ou qui traînent, anciens et inutiles dans un placard: appareil photographique, batteur, vieux

réveil, grille-pain, lampe de poche. On laisse l'enfant les démonter, les remonter. On explique leur fonctionnement.

- On l'incite à les transformer. À inventer un objet en état de marche ou qui pourrait l'être en associant des pièces diverses.
- On l'aide à faire un schéma de ce qu'il a découvert dans le ventre d'un objet. Ou encore d'un objet imaginaire, d'une machine qui n'existe pas. On l'aide à construire une maquette. Et l'enfant y parvient d'autant plus facilement qu'on l'a laissé toucher, explorer, découvrir, qu'on lui a donné à manipuler un bout de tuyau en plastique ou en métal, une roue dentelée, une chaîne en acier, un pédalier.
- Il compare des matières, des poids et des trajectoires. Avec les plans inclinés, il expérimente les notions de pesanteur et de force.
- L'enfant intériorise les concepts de physique principalement par la manipulation, et l'y encourager en fait un élève à l'aise au moment où il a à comprendre les cours d'électricité. Quand on doit changer un fusible, on lui rend familier le système électrique : compteur, disjoncteur, interrupteur, prise, fil, douille, ampoule.
- Quand on fait un petit travail de plomberie, quand on ouvre le capot de sa voiture, on invite l'adolescent à être son compagnon. Quand on installe un projecteur, on lui demande son aide : direction de la lumière, réfraction, ombre.
- Ou encore à la cuisine, on met le jeune enfant en situation d'observer. États de la matière et sa transformation. Condensation de l'eau et fluidité des liquides. Quand l'eau bout, que se passe-t-il ? Et quand elle gèle ? Garde-t-elle le même volume ? Un glaçon, c'est de l'eau, alors pourquoi flot-

te-t-il ? Pourquoi l'huile flotte-t-elle sur l'eau, elle aussi ? Et pourquoi le sirop coule-t-il ?

- Il n'est pas évident d'ailleurs que les parents sachent répondre à toutes les questions que l'on se pose à bien observer. Il n'a qu'à avouer alors son ignorance à l'enfant, puis l'entraîner faire des recherches dans une encyclopédie ou sur Internet. On l'incite ainsi à la curiosité et au goût de la satisfaire.

Psycho

Le dire autrement

Quand l'enfant est fatigué et que le parent l'est aussi, il peut le dire simplement. « Comme c'est difficile aujourd'hui. Je ne sais pas ce que tu aimerais faire, moi je m'installerais volontiers dans un fauteuil avec un livre. Mais bon ! On va s'y mettre tous les deux. Et faire en sorte de travailler vite et bien. »

L'enfant aime savoir (et qu'on le lui dise) qu'il n'est pas seul à manquer d'enthousiasme à travailler. Et il y a toutes les chances qu'il retrouve un peu d'entrain.

Que faire de la télé ?

Un des dangers de la télévision est qu'elle génère une attitude passive. L'image est explicite, il n'y a aucun effort à faire. Et l'enfant d'emblée se tourne vers un film ou une émission, abandonnant toute autre activité plus enrichissante.

Mais la télévision n'est nocive que si l'enfant la subit. On l'aide à devenir un spectateur averti, et cela s'apprend très tôt. Il choisit, on choisit avec lui les programmes qui l'intéressent et qui lui sont adaptés. Ce qui ne signifie pas qu'il n'ait droit qu'aux émissions culturelles. Quand un adulte est présent, un simple divertissement peut avoir aussi valeur éducative. On se sert du film pour aller plus loin. On place le sujet dans son contexte historique et géographique : « À cette époque, en Italie, mais aussi en France et partout ailleurs, on circulait en voiture à chevaux. Il n'y avait pas d'automobiles, et quelques trains. Et c'est bien plus tard qu'ont été construits les premiers avions », etc. Toutes ces choses sont dites, sans insister. Commentaire léger. Puis on fait référence à la famille : « C'est à cette époque que le grand-père de ton grand-père travaillait en usine. Douze heures par jour, même le samedi. », etc. On évoque la géographie et l'histoire, on place les événements sur une ligne du temps, on peut même aborder le social, l'économique, le politique et l'éducation civique, et bien d'autres domaines qui feront partie de sa culture. Ainsi on parle de Rembrandt, dont il a vu une toile dans un musée ou dans un livre.

Et puis, dans tout le fatras offert par la télévision, il existe de bonnes émissions qui permettent de faire connaissance avec la nature, l'art, d'autres pays, d'autres cultures. Au prétexte de vacances à organiser ou d'une carte postale reçue, on les visionne avec l'enfant. Ou encore on enregistre des documentaires dont il fait un montage – avance rapide – quand des passages traînent en longueur, ou abordent des sujets où il manque de références nécessaires à la compréhension.

Le plus jeune peut se sentir valorisé si on l'« invite » à regarder une émission importante avec les adultes. On l'aide par quelques brefs commentaires à mieux entrer dans ce qu'il voit. Après la projection, il est intéressant d'ouvrir une discussion.

Amener l'enfant au plaisir de lire

Afin que l'enfant n'abandonne pas la lecture au profit de la télé ou des jeux vidéo, il est du rôle des parents de la faciliter. L'enfant devient un lecteur à deux conditions. La première se situe quand, apprenant à lire, il comprend que les mots ont du sens, et qu'il traduit en images ce qu'il lit. Il « filme » l'histoire, la remet en images, les siennes. S'il ne réussit pas cela (souvent il ne sait pas qu'il a à le faire), il reste cantonné dans une lecture privée de sens et il perd le goût de la lecture, goût qu'il a perçu à écouter les histoires que lui lisait ses parents au coucher quand il était plus petit.

La deuxième condition pour que l'enfant ait plaisir à lire est que ses parents, ou au moins l'un d'eux, aiment lire et le montrent : le plaisir est communicatif.

L'enfant doit appréhender dans les toutes premières années le plaisir, l'enrichissement, l'émotion qu'apporte la lecture. L'erreur serait pourtant de le forcer : on risquerait de le détourner à jamais des livres.

Le moment de la lecture doit être un moment privilégié. Et pour que le partage ait lieu, pour que passe l'émotion, on s'implique dans cette activité, on vit l'histoire que l'on parcourt. Dans sa première année d'école, l'enfant n'est pas encore capable de transposer ses acquis ailleurs que dans son livre de classe. Même s'il lit bien, se saisir du sens de tout un texte est encore compliqué pour lui. Alors on lit pour lui. À sept, huit ans, l'enfant lit, puis la mère, puis l'enfant. Ou la mère lit un soir quand il est trop fatigué pour le faire. Ensuite, on peut imaginer que l'enfant, plus indépendant, veuille lire, fantasmer, rêver tout seul. Encore qu'il arrive à certains d'aimer partager ce plaisir. Et comme il est toujours complexe d'entrer dans une histoire, si l'on sent que l'enfant a du mal à ouvrir un livre, on lui lit les premières pages pour l'installer dans l'histoire.

Astuce

Un autre moyen d'intéresser l'enfant à la lecture est de laisser traîner au salon et un peu partout dans l'appartement livres, revues, journaux.

Quant à l'adolescent, pourquoi ne pas découvrir son univers, faire l'effort de l'explorer pour y trouver de l'intérêt et parvenir à partager avec lui : lire une bande dessinée qu'il a particulièrement aimée, un article de sa revue favorite, en parler. Une certaine complicité établie, il est alors beaucoup plus aisé de l'entraîner en douceur vers quelques lectures, disons, plus classiques.

La lecture de plaisir a aussi une fonction d'apprentissage. L'enfant a accès à des connaissances auxquelles il ne prêterait pas attention si elles lui étaient proposées sous une forme plus scolaire. De plus, sans en être vraiment conscient, il engrange

Question de parents

Quel type de relation établir avec son ado ?

« Avec maman, je ne sais pas comment faire. Parfois, elle est sympa. Et tout d'un coup, elle s'énerve. » Éloïse, 12 ans

« Mes parents sont cool. Ils signent mon carnet sans le regarder. » Solal, 14 ans

Il faut surtout éviter d'entrer dans une relation parent-copain. On est alors artificiellement complice et incapable de jouer son rôle structurant. On ne peut suivre l'adolescent dans ses errances et avoir en même temps la rigueur nécessaire dans le suivi de ses études. Il est nécessaire d'appréhender la situation à long terme et de ne pas se satisfaire de commodités immédiates et temporaires.

On est un parent à l'écoute de son ado, mais un parent qui donne les repères dont il a besoin, qui fixe les limites.

Écoute et rigueur l'aident à se développer psychologiquement et intellectuellement.

des mots nouveaux. Il lit un mot, le comprend plus ou moins grâce à son contexte. Il le retrouve dans une autre phrase ou un autre livre, un autre contexte, et le sens se précise. L'enfant s'approprie le mot.

L'écrit

Depuis qu'il est tout petit, l'enfant a le modèle de l'adulte en train de lire. Mais il ne lui est jamais donné de modèle pour produire de l'écrit. On lui met sous les yeux des textes achevés. À un élève qui fait une rédaction, l'enseignant demande de faire un brouillon, de se relire avec soin, de corriger. L'apprentissage est laborieux, d'autant plus que l'enfant ignore qu'écrire, même pour l'adulte, ne peut se faire sans hésitations ni ratures. Il pense n'être pas doué pour rédiger puisqu'il est incapable de produire facilement un écrit à peu près satisfaisant.

> **Astuce**
> **Les petits écrits**
> - Suite ou fin d'un feuilleton, d'un livre.
> - Lettres aux grands-parents ou à un personnage imaginaire.
> - Légendes de ses dessins.
> - Bulles de bandes dessinées.
> - Messages pour un jeu de piste.
> - Formulaires.
> - Listes de courses.
> - Rédaction d'invitations pour son anniversaire.
> - Petits récits inventés.
> - Paroles de chansons.
> - Programme des vacances.

Amener l'enfant à l'écrit est une tâche difficile pour les parents, d'autant qu'à l'école ses productions sont soumises à évaluation. Alors tout est bon à la maison pour le familiariser à sa diversité. Pour le pousser à prendre un stylo ou à ouvrir l'ordinateur, on donne de l'importance aux petits écrits.

Pour ce genre d'écrits, une erreur serait de se focaliser alors sur l'orthographe. C'est cela qui le plus souvent inhibe l'enfant, les dictées et le rouge qui souligne toutes les « fôtes ».

Si on ne le prend pas en « faute », si on le laisse écrire tranquillement, il est alors possible qu'à un moment ou un autre, il vienne de lui-même poser une question. Ou, ne se sentant pas jugé, qu'il accepte une ou deux suggestions (pour ne pas dire corrections).

Le parler

La maîtrise de la langue s'acquiert en grande partie dans la famille. Parce qu'un bain de langage est vital, on parle et on fait parler l'enfant. Sans même qu'il en soit conscient, on peut initier un travail sur la langue orale. Les parents écoutent l'enfant. Ils relèvent quand il utilise un mot inapproprié, omet le *ne* dans une phrase négative, se trompe de pronom, formule mal un propos et n'utilise pas correctement les temps des verbes ou les mots de liaison. Ils laissent l'enfant finir sa phrase puis, mine de rien, ils la reprennent en l'énonçant correctement. « La fille qu'a les cheveux longs veut un chat », dit l'enfant. Un des parents reprend : « Ah ! La fille qui a des cheveux longs aimerait bien avoir un chat. Tu crois que Pacha serait heureux chez elle ? » L'enfant perçoit le mot ou la tournure correcte. On la lui fait entendre. La conversation se poursuit normalement, sans pression sur l'enfant, qui, si l'on exigeait la répétition, serait privé de la liberté de parole.

Ce travail sur la langue concerne non seulement les jeunes enfants, mais aussi les adolescents qui réduisent de plus en plus souvent la langue parlée à des phrases d'une grande pauvreté syntaxique.

On initie également un travail de réflexion. Et, pour cela, on écoute l'enfant et, plutôt que d'imposer ses propres idées, on l'invite par des questionnements habiles, montrant tout l'intérêt sincère à ce qu'il dit, à aller plus loin dans ses réflexions et à les exprimer. Ainsi, il apprend à mener un raisonnement, à défendre ses idées, à argumenter ses opinions.

Question de parents

Comment être à l'écoute de son enfant ?

« Papa, on ne peut jamais lui parler. » Antoine, 11 ans
« Quand je parle, Maman fait "hmm hmm" ! » Adrien, 6 ans

Il importe de créer des temps de communication où la parole de l'enfant peut se donner libre cours avec la certitude d'être entendue. L'enfant ne demande pas qu'on lui consacre des heures. Ce qu'il veut, c'est une écoute de qualité. On ne lui donne pas le change en lui répondant distraitement tout en vaquant à ses activités.
On écoute l'enfant pour l'entendre. On l'entend en se mettant à sa place et non en interprétant systématiquement ses dires avec sa logique d'adulte.
Moins l'adulte parle et plus l'enfant se sent autorisé à évoquer ce qui lui tient à cœur.

Les jeux

Les jeux de société sollicitent l'observation, la concentration, la mémoire, souvent la réflexion. Si les parents entraînent l'enfant, et que celui-ci sent qu'ils y auront du plaisir, il se peut qu'il abandonne ses écrans et vienne jouer.

- Certains jeux favorisent l'apprentissage des tout premiers nombres : les dés et les dominos.

- Le jeu de l'oie et celui des petits chevaux entraînent au calcul mental (addition et soustraction), l'enfant réfléchissant au nombre qu'il doit faire pour tomber sur une bonne case, au nombre à ne pas faire pour éviter de tomber sur une mauvaise case.
- Les échecs, le go et les dames favorisent les aptitudes de logique déductive.
- On peut créer des jeux, par exemple un jeu de 7 familles en fonction des apprentissages de l'enfant ou de ses difficultés. Ainsi, on le fait travailler sur les sons : *on, an, ou,* etc. Dans la famille « *an* », on trouve « maman, amande, ange, banc, éléphant, méchant ».
- On invente des familles de nature grammaticale. Il y a la famille nom, la famille verbe, la famille adjectif qualificatif, la famille pronom, la famille déterminant, la famille adverbe, la famille préposition. On peut décliner aussi ce jeu avec le temps des verbes.

Les jeux vidéo

Les jeux vidéo, tant décriés par les parents parce qu'ils scotchent petits et grands devant leur écran, n'ont pas de conséquences aussi négatives qu'on le craint. Il suffit de bien les choisir et de limiter le temps pendant lequel les enfants y ont accès.

Par le biais de l'interactivité, le jeu vidéo les met dans une démarche d'expérimentation active ; les joueurs entreprennent une action, observent ce qu'elle entraîne, agissent en conséquence.

Le saviez-vous ?
Le jeu vidéo sollicite des compétences nécessaires dans l'apprentissage scolaire : concentration, rapidité à traiter des informations et à décider, mémorisation, anticipation, analyse, réflexion, correction d'erreurs, utilisation de stratégies.

L'ordinateur

Il permet de faire des recherches via Internet plus facilement que dans des ouvrages. On accompagne l'enfant pour l'aider à trouver les mots-clés et faire le tri dans les résultats.

C'est un excellent outil pour celui en mal d'écriture. La machine ne jugeant pas, elle le décomplexe. Lui qui a des difficultés à prendre un crayon n'hésite pas à écrire, d'autant que l'ordinateur peut l'aider à corriger. Les corrections sont invisibles, le travail est propre, ce qui n'est pas le cas dans ses cahiers.

La vie quotidienne

Tout au long de l'année, on pense à :

- L'observation du ciel : les étoiles, les phases de la lune.
- Une éphéméride pour le temps qui passe, et un calendrier pour saisir la notion du temps qui revient cycliquement.
- La construction d'une frise généalogique. L'enfant y place des repères tant familiaux qu'historiques. Il inscrit sa famille et lui-même dans le temps, il rend l'Histoire plus familière, plus vivante.
- Une visite de lieux historiques, une reconstitution.
- La visite de musées. On ne force pas l'enfant. On n'y passe pas non plus des heures.
- La découverte de sites naturels : grottes, volcans, falaises.
- L'exploration des villes : situation géographique, activités économiques.
- Des jeux d'orientation à la campagne ou en ville (les points cardinaux).
- La lecture des cartes et des plans (plans de ville, cartes routières, cartes de chemins de randonnée).

Les règles d'or

- Veiller à ne pas oublier l'enfant derrière l'élève
- Écouter l'enfant pour comprendre l'élève
- Être un accompagnateur, non un enseignant
- Travailler ensemble sans conflit
- Guider mais ne pas faire les devoirs
- Adopter une attitude positive, active et efficace
- Se montrer intéressé sans être envahissant
- Remarquer les nouvelles compétences
- Faire parler de ce qui a été appris
- Apporter le savoir autrement : vécu et expériences du quotidien

3

Le corps qui apprend

Mieux le connaître pour mieux s'en servir

Assis à sa table, un enfant travaille. Il est concentré. Il résout un problème de mathématiques ou encore tente de mémoriser un cours de physique. On se dit qu'il est en plein effort intellectuel, et l'on oublie que son corps participe à cet effort. L'enfant-élève est souvent perçu comme une pensée en action ou, du moins, c'est ce qu'on lui demande d'être. On mésestime l'importance du corps, malgré l'adage de Montaigne souvent répété : « un esprit sain dans un corps sain ». Un bon élève est un enfant qui dort son content, qui apporte au cerveau les éléments nutritifs nécessaires à son fonctionnement, qui vit une scolarité où travail, activités physiques et repos s'équilibrent.

Le corps n'est pas un élément neutre dans les apprentissages. Tout comme apprendre la musique, la natation ou le dessin passe aussi par le langage, l'exercice de la dictée, de la géométrie passe par le corps. Il y a des enfants en développement, physique et psychique. Des enfants qui apprennent par la vue, l'ouïe, également par le mouvement.

La main, quant à elle, a une importance incontournable, en raison de l'écrit dont elle est le principal interprète.

> **Le saviez-vous ?**
> L'enfant ne progresse pas de façon régulière tout au long de sa scolarité. Son développement cérébral se fait par poussées et connaît de longues périodes de ralentissement. Mémoriser, réfléchir prend plus de temps. Les périodes de poussée se situent aux alentours de l'âge de trois ans. Puis de sept, onze et quinze ans.

L'écriture : habileté manuelle et geste graphique

Écrire est un geste complexe mettant en jeu la motricité générale de l'enfant (il doit avoir la maîtrise de son corps, trouver une posture et s'y tenir) et la motricité fine (il doit maîtriser le mouvement du bras et de la main). Dans ce geste entrent également en compte le contrôle visuel de ce qu'il produit (les lettres, les mots) et l'activité symbolique (le sens donné à ce qu'il trace, c'est-à-dire aux mots).

Quand l'enfant est dans les tout premiers apprentissages, on veille à ce qu'il ait une bonne position du corps, du bras et de la main ; qu'il s'adapte aux différents supports d'écriture (cahier à carreaux ou à lignes, tableau…) et soit capable de se servir de différents outils (crayon, stylo-bille, feutre, stylo, craie).

Mais savoir écrire n'est pas seulement former correctement des mots, c'est écrire dans un espace qui est celui de la page.

L'enfant apprend que des règles existent. Qu'il doit aligner les lettres, les mots avec régularité. Qu'il existe des zones où il écrit, et d'autres, les marges, à laisser vierges. Il apprend aussi que les mots forment des blocs et que ces blocs ont un sens, ce sont des groupements de sens : phrases, paragraphes.

?

Est-ce vrai ?

On dit : « Un enfant qui crayonne en classe est inattentif. »
Non, pas forcément. Il se peut qu'il crayonne ou joue avec sa gomme pour fixer son attention quand on lui explique quelque chose. Comme les personnes qui griffonnent sur un bout de papier quand ils sont au téléphone pour mieux écouter leur interlocuteur.

Le petit qui apprend les lettres a un modèle sous les yeux ; il copie une lettre, un mot qui se trouve sur son cahier et qu'il peut en permanence comparer, vérifier. La difficulté de la graphie se complique avec l'éloignement du modèle quand on lui demande de reproduire des mots (suite de lettres attachées les unes aux autres) qui ne sont plus sur le même plan. Il copie sur son cahier des mots écrits sur un plan plus éloigné, le tableau, ou encore il écrit ce qu'il a mémorisé et dont il doit retrouver le modèle dans sa tête.

?

Est-ce vrai ?

On dit : « Pour se souvenir d'une règle ou d'une définition, on doit l'écrire plusieurs fois. »
Non. Écrire plusieurs fois la même chose est une vraie perte de temps. Certains enseignants le conseillent à leurs élèves parce qu'il est vrai que la main a une mémoire. Mais la main a une petite mémoire. Donc écrire les mots-clés d'une leçon est efficace, ou la résumer ; mais non écrire une dizaine de fois une règle, surtout si, en le faisant, on la prive de sens.

Et puis arrive un moment où, l'enfant ayant suffisamment maîtrisé la graphie, il lui faut maintenant adapter son écriture aux différentes occasions. Il apprend à écrire plus ou moins vite. Pour noter les devoirs sur son agenda scolaire, pour un travail au brouillon, il écrit sans prêter attention à son écriture mais de façon qu'il n'ait pas de problème à la relecture. En classe, ou à la maison pour un devoir, il ralentit la main de façon que la graphie soit belle et parfaitement claire. Cela, quoi qu'on en pense, n'est pas vraiment acquis par l'élève qui entre au secondaire : il écrit plus ou moins bien, mais ses variations tiennent plus du moment et de sa motivation que des occasions.

L'enfant gaucher

Une idée reçue a longtemps circulé : les gauchers seraient plus susceptibles que les droitiers de souffrir de bégaiement, de dyslexie, de strabisme. Jusqu'à ce que des études récentes semblent apporter la preuve du contraire : ils ne souffrent d'aucun trouble mais le fait de contrarier leur nature, c'est-à-dire de les contraindre à devenir droitiers ou encore simplement de les faire vivre dans un monde inadapté, en serait la cause.

> **Astuce**
> Certains petits gauchers développent un système d'écriture en miroir. Ils écrivent de droite à gauche en formant chaque lettre en sens inverse du sens habituel. Alors, avant même qu'ils n'écrivent, on leur prend la main et on la pose à gauche de la page, pointe du crayon sur la ligne.

Le seul handicap des gauchers, c'est de vivre dans un monde fait pour les droitiers. Ils doivent s'adapter à un environnement qui n'a pas été pensé pour eux. Et ils sont contraints de lire et d'écrire dans le sens gauche-droite alors que leur geste naturel est d'aller de la droite vers la gauche.

Les enfants gauchers ne sont ni plus ni moins intelligents que les droitiers, ils ont autant de potentiel et, s'ils ont souvent plus de difficulté à écrire, c'est qu'on ne leur apprend pas la position la plus favorable conciliant confort et lisibilité.

Les droitiers et les gauchers ne font pas les mêmes mouvements. Leurs gestes et leurs appuis sont différents, le bras des gauchers est moins libre dans ses déplacements vers la droite, sens de l'écriture. Les droitiers tirent le crayon quand ils écrivent, les gauchers le poussent et leurs doigts ont tendance à glisser vers la pointe. Les doigts sont alors dans une mauvaise position et il est difficile de déchiffrer ce qui vient d'être écrit. Quand ils passent à l'encre, la page se couvre de taches.

Dans la plupart des cas, les élèves ont pour modèle un enseignant droitier. Ceux qui écrivent de la main droite le calquent tout simplement, mais ceux qui écrivent de la gauche ne peuvent se servir de lui comme modèle. D'où leur difficulté. Mais si on leur apprend à placer leur cahier de manière à voir ce qu'ils écrivent, à tenir leur crayon de telle façon qu'il ne glisse pas, ils présentent des cahiers tout aussi propres que ceux de leurs camarades. Et, moins crispés sur leur crayon, ils sont davantage attentifs au sens de ce qu'ils écrivent.

Pour aider un enfant gaucher :

- Placer le livre ou le brouillon à sa droite, de façon qu'il puisse l'observer sans avoir à tourner la tête pendant qu'il écrit.
- Incliner la feuille sur la droite.
- Lui faire bien positionner la main pour éviter le poignet tordu au-dessus de la ligne d'écriture, ce qui entraîne des

crispations dans la main et le bras jusque dans l'épaule. La main se déplace sous la ligne et non l'inverse. Le crayon se trouve dans l'axe main-coude.
- Lui procurer des ciseaux à lames inversées, un taille-crayon avec un autre sens de rotation, et une règle pour tirer les traits de droite à gauche, le zéro étant placé à droite.

L'intelligence du corps

À l'école, on voudrait que l'enfant acquière les connaissances assis dans la plus parfaite immobilité, sans bouger autre chose que les mains pour manipuler ses cahiers et pour écrire. Or le corps peut faciliter la compréhension et la mémorisation. Combien d'enfants – mais aussi d'adultes – retiennent le code d'entrée de leur immeuble grâce aux mouvements faits par leur main. Il existe un sens du mouvement, véritable forme d'intelligence, que l'on appelle kinesthésique. Elle est responsable de tout ce qui a trait aux travaux et à l'apprentissage gestuels. Artisans, athlètes, danseurs ou encore chirurgiens l'ont développée et s'en servent dans leur travail. Elle est pour l'élève la capacité d'utiliser son corps, ou encore la sensation qu'il en a, pour apprendre, comprendre, mémoriser. À l'école, cette intelligence est délaissée quand elle n'est pas méprisée. Et pourtant, plus ou moins consciemment, les enfants l'utilisent pour rendre plus aisés les apprentissages.

Le saviez-vous ?
Plus un enfant est jeune, plus il lui est difficile de rester immobile et attentif.
Donc ne pas demander l'impossible.
Temps maximum : de dix à vingt minutes pour un enfant au primaire.
De trente à quarante minutes pour un élève du secondaire.

L'écriture blanche

L'écriture blanche donne aux mots une existence corporelle. Aux élèves qui ont du mal à mémoriser l'orthographe des mots, on demande de les écrire avec la main dans l'espace pour que les lettres s'inscrivent durablement en eux. Il est d'ailleurs étonnant d'observer nombre d'adultes qui, cherchant une orthographe, font semblant d'écrire, retrouvant ainsi la présence d'une lettre muette ou d'une double consonne dont ils doutaient. Exercice salvateur pour les enfants en difficulté orthographique d'usage, mais aussi aide précieuse pour les autres confrontés à des mots difficiles : l'enfant prononce le mot, son après son, et ce faisant il le transcrit en lettres dans l'espace. Les mots s'écrivent alors dans sa mémoire.

L'apprentissage des nombres

L'apprentissage des nombres par les mains est une aptitude naturelle. Les enfants qui en sont empêchés ont, plus que les autres, du mal à se familiariser avec eux. Que veut dire 34 ? Comment représenter ce nombre pour l'enfant ? On le traduit en dizaines et en unités. 34 devient 3 dizaines et 4 unités. On écrit 34 et l'on dit 34, puis l'on montre 3 fois tous ses doigts ensemble, et on montre 4 doigts. On demande à l'enfant de faire de même.

La vue et la sensation des mains en mouvement jouent un rôle dans la représentation des quantités.

Sans avoir à compter, l'enfant peut dire combien de doigts sont représentés : la main est un groupement de 5. Les deux mains représentent 10, soit une dizaine.

L'enfant a une perception visuelle et concrète des dizaines. Assez vite, il peut se passer de la vision, il cesse de bouger les mains, il sent tout simplement ses doigts, il les imagine. À la suite de quoi il manie les nombres en se les représentant mentalement. Il peut devenir un as du calcul mental.

L'enfant aime le mouvement

On devrait penser à utiliser le mouvement dans l'apprentissage, surtout lorsque l'enfant se trouve confronté à des difficultés. Il élabore plus facilement des pensées efficaces dans le travail. Il entre dans l'abstraction grâce au mouvement, à l'orientation et à la spatialisation.

?

Est-ce vrai ?

On dit : « Quand on empêche certains enfants de bouger, on freine leur capacité à travailler. »

Oui. Les enfants à forte dominante motrice désirent faire une tâche en même temps qu'on la leur montre. Ils ont besoin d'expérimenter, de bricoler, de manipuler, de faire des essais. Ils ont besoin de toucher le livre qu'on leur lit.

S'ils sont privés de mouvements, leur cerveau travaille au ralenti.

On incite un enfant à :

- Apprendre ses leçons en marchant de long en large. Le rythme de la marche impose un rythme à la pensée, l'enfant mémorise de façon plus dynamique la liste des dieux grecs ou sa poésie.
- Apprendre le système métrique en utilisant différentes parties de son corps. Les mains pour les petites mesures (cm, dm), les jambes pour parcourir l'espace (m, dam, hm).
- Apprendre les masses en les évaluant, en ressentant le poids d'objets qu'il prend en mains, qu'il porte.

- Apprendre les nombres grâce aux doigts mais aussi à un boulier, à des billes ou à des petits cailloux.
- Apprendre la règle des accords au moyen d'un puzzle.
  On donne à l'enfant des cartons sur lesquels sont écrits des mots, des signes de ponctuation : à lui de reconstituer le puzzle, c'est-à-dire de retrouver la phrase correcte grâce aux accords, aux signes de ponctuation, aux majuscules.
  Il apprend aussi l'écriture des homonymes (*a* et *à*, *son* et *sont*, etc.).
- Se repérer sur une carte de géographie, son corps jouant le rôle de boussole.
  La tête est le nord, l'est, le bras droit, etc.
- Inventer des repères gestuels pour mémoriser ses leçons.
  L'enfant compte sur ses doigts le nombre d'idées principales d'un texte et les cite. Il mémorise les angles en ouvrant plus ou moins les bras.
- Bâtir et découper de grandes formes géométriques dans des feuilles de papier ou du carton.
  L'enfant construit les figures géométriques pour mémoriser leurs propriétés, pour les comparer et ne pas les confondre. Il change leur position, leur axe sur un plan.

La fatigue après l'école

Le soir, l'enfant se couche fatigué par sa journée de travail. Tous les parents le constatent. Mais comment nommer cette fatigue autrement qu'en l'alimentant d'exemples : énervement, agitation, pleurs, cernes, lenteur à se mettre à ses devoirs, rêverie, difficultés à s'endormir et troubles du sommeil ?

On peut parler d'un état de fatigue « trois en un ».

Question de parents

Comment gérer la fatigue des enfants ?

« *Je ne comprends rien à ce que tu me dis, je suis fatiguée.* » Léa, 7 ans

« *Je travaille, je travaille et, à force de travailler, je n'arrive plus à réfléchir et je fais semblant de travailler.* » Judith, 13 ans

« *Si le professeur dit qu'on doit mettre une heure pour faire les exercices de maths, je les fais en une heure. Après, j'ai la tête libre. Avant je traînais, j'étais davantage fatiguée.* » Savéria, 14 ans

Trop de choses à apprendre, pas le temps de travailler à leur rythme, de faire des pauses, c'est ce que disent à leur façon les enfants tout au long de leur scolarité. La meilleure façon de les aider est de leur apprendre à se donner des heures pour leurs devoirs, à s'y tenir et à ne pas déborder, à se concentrer, toutes choses qui leur donnent la possibilité de travailler vite et bien, et d'avoir la tête libre quand ils ne sont pas à leur bureau. L'impression de fatigue est alors moins forte.
Il faut veiller également à ce qu'ils trouvent une atmosphère tranquille au sortir de l'école et que la vie familiale soit suffisamment bien réglée pour n'avoir pas à les bousculer.
Certains enfants accumulent à la fatigue scolaire celle de deux ou trois activités extrascolaires. Il s'agit alors d'alléger leur emploi du temps. De privilégier la plus déstressante.
Ne pas oublier surtout que la construction de l'enfant se fait aussi par des temps libres. Ne rien faire est aussi pour lui source de développement.

Tout d'abord, **la fatigue intellectuelle**, celle qui paraît le plus logique. Effort de concentration, de réflexion, travail d'écoute et de mémorisation, et cela des heures durant. L'équivalent du travail d'un adulte.

Tout aussi déterminante est **la fatigue nerveuse**. L'enfant vit le temps scolaire dans un état émotionnel inconfortable. Le professeur a parlé d'un contrôle, il est question de faire un problème de mathématiques, l'énoncé de l'exercice de grammaire est difficile à comprendre et il n'est pas certain qu'il sache s'en sortir. Ou c'est le cours d'anglais. Va-t-on lui demander de lire un texte à voix haute ? Lira-t-il assez vite ? Sans buter sur les mots compliqués ? Aura-t-il un bon accent ? Pour décompresser, se libérer du stress accumulé au cours de la journée, il faut au moins une bonne nuit de sommeil.

Se joint aux deux autres fatigues **la fatigue physique**, à laquelle on ne pense jamais. Comment un élève contraint à l'immobilité en souffrirait-il ? Contrairement à ce que l'on pourrait croire, cette immobilité, non voulue par lui, l'amène au fil de la journée à une tension musculaire, dans le dos et la nuque principalement. S'ajoute une tension de la main pour les plus petits et souvent les gauchers, qui doivent faire effort pour écrire bien et crispent la main, le poignet, le bras autour de leur crayon.

La fatigue, frein au travail de l'enfant

Cet état de fatigue « trois en un », qui est l'état habituel de l'élève, agit sur ses performances intellectuelles : moins d'éveil, d'attention, de possibilité de réfléchir, de se montrer curieux, de s'emparer de la connaissance, d'imaginer. Trop de fatigue, et l'esprit se vide, l'enfant se fait rêveur. À moins que le besoin de décharger ce trop-plein d'énergie ne soit tel qu'il gigote sur sa chaise, s'agite, dérange ses voisins et ne pense qu'à s'échapper. Il vit dans l'attente de la sonnerie qui met fin à sa journée d'école.

Le travail ne peut se faire dans la crispation mentale et physique. Un lâcher-prise est nécessaire pour ouvrir les sens de l'enfant à ce qu'il lit, à ce que dit l'enseignant, à ce qui est écrit au tableau. Mais ce lâcher-prise ne signifie pas laisser-aller, avachissement ; il s'agit tout simplement d'une attention souple et tonique.

Question de parents

Que faire pour les enfants contraints à l'immobilité et au silence à l'école ?

« J'ai mal au dos tellement je suis assise. » Clémence, 8 ans

« Je ne vois pas pourquoi on m'interdit de parler, et le prof lui se lève quand il veut ! » Justin, 12 ans

« Ce n'est pas que je me sente mal au collège, je travaille très bien ; mais je ne comprends pas pourquoi on doit rester immobile et muet. » Thomas, 14 ans

Il est difficile pour les petits de rester à leur table de travail pratiquement tout le jour. Et même ceux à qui les apprentissages apportent valorisation et une sorte de plaisir se plaignent de cette immobilité et de ce silence imposés. La double contrainte, ressentie fortement au primaire, pèse aussi à de nombreux élèves du secondaire.

En classe, enseigner, c'est parler, et apprendre, c'est écouter ; alors, à la maison, on pourrait inverser les rôles. Si on proposait à l'enfant de travailler autrement, de raconter tout simplement ce qu'il a appris d'intéressant ce jour-là. Un enfant capable de dire non pas « J'ai fait du français » mais de résumer en trois mots l'essentiel de sa règle de grammaire est un enfant qui a compris son cours et qui, en le reformulant, le mémorise.

Et pourquoi serait-il alors obligé d'être assis à sa table de travail ?

Le corps se tient droit, la poitrine est ouverte, le geste de la main qui écrit est vif et fluide. Tout cela devient naturel à partir du moment où l'enfant apprend à écouter son corps, à être attentif à ses sensations, à localiser et à libérer son souffle, et, les yeux fermés, à sentir ses muscles dans les tensions et les relâchements.

En rentrant de l'école, certains élèves aiment lire, apprendre les tables de multiplication ou une leçon de géographie, allongés sur leur lit. Si l'apprentissage se passe bien ainsi, inutile de changer leur habitude. Le cerveau peut se montrer inapte au travail parce que la main, le dos, la nuque sont fatigués.

Le saviez-vous ?
La verticalité est la bonne posture du corps au travail. Le dos est droit : confort et fermeté. D'où moins de tensions, davantage de concentration.

Attention :

- Ne pas prolonger les séances de travail à la maison même si l'enfant est en difficulté, disons même surtout s'il est en difficulté.
- L'inciter à se détendre régulièrement grâce à des pauses. Il se lève, s'étire, fait quelques pas. Il bouge selon son envie, pendant quelques minutes, juste de quoi se vider d'un trop-plein d'énergie.
- Moduler les pauses en fonction de l'âge, des capacités à se concentrer. L'effort demandé doit être dosé. Le risque, si l'on n'y prend pas garde, étant d'atteindre le point de saturation qui pourrait se révéler point de non-retour. L'enfant sombre dans la démotivation, abandonne. Et remonter la pente, se remotiver, demande beaucoup de temps et d'énergie. Une pause entre un exercice

de mathématiques et l'apprentissage du subjonctif est donc des plus profitables. Courte, elle permet de décompresser tout en maintenant un bon niveau de tension nécessaire à l'effort.

- Veiller à une bonne hygiène de vie, c'est-à-dire prêter une attention au sommeil et à l'alimentation de l'enfant, et faire en sorte qu'il ait un minimum d'activités physiques. Une bonne santé facilite l'apprentissage. Elle permet d'utiliser ses capacités au mieux et, par là même, d'y trouver davantage de plaisir.

Les activités physiques essentielles à l'activité intellectuelle

Il y a de bonnes raisons de faire du sport, de la danse ou encore du yoga. Tout d'abord, en période de croissance, ces activités musclent, développent l'agilité et la souplesse. Alliées à un bon régime alimentaire, elles assurent l'équilibre physique. Elles canalisent l'énergie, effacent les tensions, facilitant ainsi le sommeil.

Psycho

Le blocage

Quand un enfant est envahi par l'émotion (« Je suis nul, jamais je n'y arriverai, je vais encore rater », etc.), il est dans l'impossibilité de travailler. Il surmonte le blocage à partir du moment où il se focalise sur sa respiration. Il ferme les yeux et se concentre sur ses inspirations – son ventre se gonfle –, sur ses expirations – son ventre se dégonfle –, cela pendant deux minutes. Ce faisant, il se vide la tête des pensées négatives et oxygène son cerveau, qui retrouve alors les moyens de comprendre, de réfléchir ou de mémoriser.

Par ailleurs, elles aident à lutter contre le stress en dénouant le corps crispé par la position immobile imposée en classe (gymnastique, yoga, natation), en défatiguant grâce à la respiration, la relaxation (yoga, danse). Elles font travailler la concentration (tir à l'arc, escalade), donnent le goût de l'effort (danse), de l'endurance (course), apprennent à utiliser des stratégies (sports d'équipe). Elles permettent, plus facilement que dans le champ scolaire, de relativiser échecs et performances (sports d'équipe). Elles poussent à se surpasser.

L'enfant apprend à connaître ses points forts, qu'il peut transférer dans les apprentissages scolaires, ou encore ses faiblesses qu'il peut, une fois analysées, contrer dans sa façon de travailler.

Encore faut-il que cette activité physique soit motivée par le désir de l'enfant. Rien n'empêche de l'encourager mais, en aucun cas, elle ne doit être vécue comme une contrainte. Rien de pire que le diktat parental. « C'est bon pour la santé, d'ailleurs il n'est pas question que tu restes toute la journée à la maison sans rien faire. » Car il importe que l'enfant ait des moments où il ne fait rien. Les activités scolaires et extrascolaires ne doivent pas lui prendre tout son temps. Il garde des moments pour lui et, s'il ne veut rien en faire, c'est sa liberté. Car, au fond, il ne fait jamais « rien ». Dans sa tête, il se construit. Aux parents de veiller à la qualité, à la diversité de ce qu'ils proposent à l'extérieur mais aussi au sein de la maison.

Nourrir harmonieusement le cerveau

Quoi de plus logique que de bien nourrir le cerveau si l'on veut qu'il soit performant ? Pour cela, il faut lui apporter les éléments nécessaires à son fonctionnement : oxygène, sucres, acides aminés, vitamines, acides gras, oligoéléments et minéraux.

Des études concordantes ont mis en évidence un lien étroit entre l'alimentation, l'équilibre émotionnel et le bon fonctionnement du cerveau. Les capacités cognitives, les performances intellectuelles, la mémorisation ainsi que les capacités d'apprentissage dépendent d'une quarantaine de substances différentes et complémentaires. Un grand nombre d'entre elles ne pouvant être synthétisées par le corps, elles doivent être apportées par l'alimentation, d'où l'importance d'une nourriture équilibrée et variée.

Malgré son faible poids (moins de 2 % de la masse corporelle), le cerveau est très exigeant. Travaillant jour et nuit, il absorbe à lui seul près de 20 % de l'énergie alimentaire et de l'oxygène consommés par l'organisme.

Psycho

Peau d'enfant, peau d'élève

Le petit-déjeuner et le goûter sont des moments plus capitaux qu'on ne l'imagine: ils servent de transition entre la maison et l'école. Le matin, on laisse à l'enfant le temps de sortir de sa nuit et d'entrer dans sa peau d'élève. Au sortir de l'école, on le laisse oublier pour un moment sa peau d'élève. On évite la précipitation, les questions stressantes.

Les repas sont pris à heures fixes, sans sauter ni le petit-déjeuner ni le goûter. Le cerveau supporte mal les à-coups et les variations de grandes amplitudes, comme la baisse du niveau en sucre dans le sang liée au manque d'ingestion de sucres lents (pains, céréales, pâtes…) ou la consommation excessive de sucres rapides (bonbons, viennoiseries, sodas). La baisse de vigilance de 11 h est due à l'absence du petit-déjeuner ou à son mauvais équilibre. Les sucres lents donnés le matin à l'enfant contribuent à améliorer pour la journée le travail de la pensée et la mémorisation. Le soir, ils donnent au cerveau le carburant nécessaire pour son travail de nuit : stocker et classer ce qui a été appris dans la journée.

Pour le reste, fruits et légumes frais en abondance, poisson, viande, œufs, produits laitiers, fruits secs. Varier les menus. L'équilibre entre les lipides, les protides et les glucides est le même qu'aux autres âges de la vie.

Manger équilibré, certes. Mais boire aussi de l'eau sans attendre d'avoir soif. Le cerveau est immergé dans le liquide céphalo-rachidien qui apporte les substances nutritives et élimine les toxines dues à l'activité des neurones. S'il manque d'eau, le cerveau n'est pas suffisamment alimenté et les toxines sont mal drainées. Le résultat est une fatigue, une diminution des capacités intellectuelles bien réelles.

Le sommeil réparateur

Le sommeil est ce qu'il y a de plus réparateur quant à la fatigue. Un élève de primaire a besoin de neuf, dix heures pour récupérer, et les adolescents de pas beaucoup moins. En réalité, ces derniers ont plutôt tendance à dormir moins de huit heures par nuit. Rien d'étonnant à ce qu'ils tentent de se rattraper dès qu'ils le peuvent, en faisant de longues grasses matinées. Le sommeil des adolescents est insuffisant. L'ordinateur, la télé, le MP3, le téléphone, les jeux vidéo

> **Le saviez-vous**
> Les heures de sommeil en matinée ne sont pas aussi bénéfiques que celles du début de nuit et le sommeil perdu ne se remplace pas vraiment.

retiennent leur attention, les tenant éveillés : le sommeil n'est pas ressenti par eux comme une priorité. Résultat, les horaires, la qualité et la durée de leur sommeil ne sont pas idéals pour développer une forme physique et intellectuelle compatible avec la scolarité. Ils somnolent dans la journée – sans même parfois en être conscients – avec pour résultat des capacités d'apprentissage affaiblies.

La somnolence en classe est responsable des :

- troubles de l'attention, de la concentration ;
- réactions lentes, inadaptées, voire absentes ;
- difficultés à s'investir dans le travail ;
- difficultés à la réflexion ;
- diminutions des performances intellectuelles ;
- défauts de mémorisation.

S'il n'est pas trop difficile de mettre un jeune au lit à des heures raisonnables, cela se révèle plus complexe avec un adolescent. Il dort trop ou pas assez et les parents, inquiets pour ses performances scolaires, finissent par s'affronter à lui. Mais pourquoi cet acharnement à se décaler ainsi des rythmes familiaux ? Pourquoi a-t-il besoin de repousser sans cesse le moment de se coucher ? Se différencier de ses parents, c'est accéder au monde des adultes, mais des adultes qui ne seraient pas ceux qu'il connaît. Un monde sans contrainte, sans habitude. Donc tourner définitivement le dos à l'enfance, se coucher tard et vivre la nuit, loin de sa famille, enfermé dans sa chambre avec

Le saviez-vous ?
La lutte contre les endormissements en classe et à la maison se manifeste souvent par de l'agitation, de l'instabilité ou de l'énervement.

sa musique, ses jeux, ses amis joints au téléphone ou via Internet. Résister au sommeil, c'est pour lui exister.

Ces perturbations du sommeil chez l'adolescent, si elles sont objectivement gênantes pour le travail scolaire, sont inhérentes à cette étape de la vie. Alors que faire pour ne pas se montrer laxiste ou braquer l'adolescent en lui imposant des horaires trop contraignants pour lui ?

Après quelques jours de vacances, on peut prêter attention aux heures auxquelles il se couche et à celles de son lever : cela devrait indiquer le nombre d'heures qui lui sont habituellement nécessaires. On a alors de quoi négocier avec lui des horaires adaptés – négocier et non imposer.

La chronobiologie et les rythmes scolaires

Grâce aux recherches faites en chronobiologie, on dispose depuis quelques années de connaissances précises sur les rythmes biologiques et psychologiques qui devraient permettre de décider d'horaires adaptés à l'enfant et à l'apprentissage. Au cours de la journée fluctuent pour tous la réceptivité, l'attention, la mémoire. Il existe, scolairement parlant, de bons et de mauvais moments.

L'enfant au primaire passe six heures par jour à l'école ! Si l'on compte une demi-heure de devoirs à la maison, on arrive à vingt-sept heures de travail hebdomadaire. Au secondaire, on passe à vingt-cinq ou vingt-huit heures de présence scolaire active, suivies de quelques heures de travail à domicile. Il faudrait ajouter à cela le temps mis pour se rendre à l'école et en revenir, le temps bousculé de celui qui déjeune à la cantine, sans possibilité de détente et de calme. Sans oublier les heures des activités musicales et sportives – parfois peu désirées – ni celles des cours particuliers. Le rythme est difficile à tenir.

Médecins et chercheurs s'accordent à dire que ces journées sont trop longues, d'autant plus si l'enfant rencontre des problèmes dans sa scolarité.

Bons et mauvais moments

Longueur de la journée, donc. Mais aussi horaires mal adaptés qui ne tiennent pas compte des besoins de l'enfant, de son intérêt. L'enfant n'a pas le temps de terminer naturellement sa nuit, il lui faut se bousculer pour aller à l'école. Là il manque d'attention, la première heure étant un moment de baisse de vigilance. Toutes les études le montrent : il n'est pas réceptif en début de matinée.

Le matin, il faut plus d'une demi-heure aux enfants pour devenir attentifs et disponibles, et bien une heure à ceux qui sont en difficulté ou en déficit de sommeil – et ces derniers sont nombreux.

Le saviez-vous ?
Bâillements, corps avachis, yeux qui se ferment, lenteur, difficulté à répondre aux sollicitations de l'enseignant, voilà ce que l'on peut noter chez 70 % des enfants entre 8 h et 9 h.

Des activités pourraient être proposées aux petits, qui ne soient pas l'apprentissage des matières dites fondamentales (maîtrise du langage oral, lecture, écriture, calcul et mathématiques). Elles les amèneraient à l'imagination, à la curiosité, à la culture, et pour cela ils ne seraient pas assis immobiles et silencieux face à un maître. Cette première heure de la journée utilisée ainsi servirait à mobiliser en douceur l'attention et les ressources intellectuelles. Quant aux élèves du secondaire, on pourrait également veiller à leur élaborer un emploi du temps qui tienne compte des recherches en chronobiologie. Et éviter de leur mettre deux heures de mathématiques le lundi matin à 8 h, au prétexte erroné qu'ils ont eu tout le week-end pour se reposer.

Il y a cette première heure dans la matinée, peu favorable au travail qui nécessite de la réflexion. Un autre mauvais moment est pointé par les chercheurs : il se situe en tout début d'après-midi.

Il faudrait donc occuper les moments où la vigilance est la meilleure aux apprentissages et activités qui demandent le plus d'effort mental, le plus de concentration : milieu et fin de matinée. À ces moments-là, l'attention est bonne, la mémorisation, la compréhension, la réflexion plus rapides. L'après-midi, au-delà de 15 h, est également un bon moment – sauf pour les plus petits.

Et à la maison ?

L'élève souffre tout au long de sa scolarité d'une fatigue qui correspond à une désynchronisation entre son rythme biologique et les contraintes scolaires. Comme son corps ne parvient pas à s'autoréguler, il souffre des changements de rythme dus à des couchers tardifs, aux réveils difficiles du lundi, aux grasses matinées du week-end, à la surcharge de travail (semaine de contrôle), aux changements saisonniers d'horaire.

> **Le saviez-vous ?**
> La dépense musculaire et mentale liée à un travail prolongé nuit à la concentration. D'où l'importance de travailler régulièrement. De travailler peu mais bien.

Par ailleurs, comment, avec la densité des journées scolaires, un élève ne serait-il pas fatigué ? Comment, avec l'importance donnée aux fondamentaux au détriment d'activités de découverte et d'expression, de travail de recherche personnelle, ne serait-il pas tendu parfois, démotivé ? Comment pourrait-il être suffisamment réceptif et disponible tout au long de l'année pour bien comprendre et apprendre ? Que peuvent faire les parents pour ne pas rajouter à cette fatigue ?

Il n'existe pas contre la fatigue scolaire d'autre remède efficace qu'une bonne hygiène de vie, à laquelle on doit être attentif. Et cette hygiène de vie, c'est aussi oublier l'élève qui a parfois tendance, dans la tête des parents, à prendre la place de l'enfant. On ne focalise pas tout sur le scolaire. On réduit au minimum le travail à la maison : dix minutes devraient largement suffire pour les plus petits et une heure pour les adolescents. On passe chaque jour du temps avec l'enfant et non avec l'enfant-élève. On le laisse évacuer son trop-plein d'énergie, même s'il est un peu bruyant, s'il parle fort, s'il prend beaucoup d'espace dans l'appartement en allant d'un endroit à un autre, on le laisse – raisonnablement – retrouver la liberté de son corps. On donne du temps à une occupation régénérante : activité physique, bricolage, jeu. On passe un moment à faire ensemble, à lire, à parler. On l'amène doucement au repos mental. On l'aide à retrouver sa peau d'enfant.

Le saviez-vous ?

Dans une même famille, le rythme des mouvements est différent. Aussi, autant que possible, on personnalise, pour chacun des frères et sœurs, temps de travail, pause et repos.

Le saviez-vous ?

Le corps envoie des messages : quand l'enfant travaille, son corps peut exprimer les difficultés, le refus, l'inattention, le manque de motivation (crispations, affaissement sur la table, bâillements). Avant un contrôle, une rentrée scolaire, il dit la peur, le stress de façon plus violente (maux de ventre, insomnie). On repère grâce à la gestuelle les tensions accumulées, on décèle les facteurs qui entraînent le bien-être de l'enfant ou au contraire ses malaises. On l'aide à composer à la maison un espace-temps profitable pour lui.

Les règles d'or

- Travailler en tenant compte du rythme biologique
- Veiller au sommeil, réparateur de la fatigue intellectuelle
- Pratiquer une activité physique pour un équilibre harmonieux
- Manger équilibré et régulièrement pour un bon fonctionnement du cerveau
- Gérer le petit-déjeuner pour éviter le coup de pompe de 11 h
- Faire de courtes pauses au cours de l'apprentissage
- Ne pas prolonger les séances de travail à la maison
- Donner du temps à une occupation régénérante
- Apprendre en marchant pour dynamiser la pensée
- Apprendre en se servant de ses doigts, de ses mains, de son corps

4

De l’attention à la mémoire

En passant par la concentration

« Fais donc attention ! » « Comment veux-tu apprendre si tu ne te concentres pas ? » « Tu n’écoutes pas, je te l’ai dit déjà dix fois. » Ces remarques reviennent comme des leitmotive le soir, lorsque l’enfant fait ses devoirs. À l’école, ce sont les mêmes remarques, qu’elles soient entendues lors des réunions de parents ou qu’on les relève sur les bulletins : « Difficulté de concentration », « Travaillerait mieux s’il était plus attentif », « Dissipé, n’écoute pas en cours ».

Observations banales en quelque sorte, mais dont les parents démunis ne savent que faire, conscients en réalité de leur importance. L’attention n’est-elle pas la porte d’entrée de l’apprentissage ?

Être attentif

Être attentif, c’est mobiliser ses cinq sens pour recevoir et sélectionner les informations dont on a besoin. On est dans un acte mental et volontaire. On investit de l'énergie là où c'est utile, et seulement là.

Un enfant attentif a une posture tonique, un regard présent. Son corps est éveillé, tout comme son esprit. Il est tendu vers un objectif qui est de s'emparer de ce qu'il lit, de ce qu'il voit ou de ce qu'il entend. Son esprit est disponible. Il est sans tension, mais dans un acte de volonté.

> **Le saviez-vous ?**
> On retient 5 % de ce que l'on entend,
> 20 % de ce qu'on lit,
> 80 % de ce que l'on fait,
> 90 % de ce qu'on est capable d'expliquer.

Une attention à trois temps

Un professeur explique une règle de grammaire. Que fait l'élève ? Averti que quelque chose se passe, il se désengage de ce qui l'occupait jusque-là. Il se ferme aux parasites : bruits, pensées, paroles échangées par des copains. Il resserre son attention sur l'explication du professeur. Il se l'approprie, l'enregistre.

Pour être attentif :

- L'enfant se rend disponible, s'ouvre à ce qu'il entend, voit ou à ce qu'il lit.
- Il accueille la connaissance dans un lieu mental, appelé la mémoire.
- Il se ferme à tout le reste. Il se focalise sur cette connaissance.

Être attentif dépend du travail à accomplir et nécessite donc une anticipation. **On n'est pas attentif sans raison**. Quelque chose interpelle et, si l'on s'y arrête et que l'on mobilise son énergie, c'est dans un but précis.

Savoir que faire de son attention

Un élève attentif suit sur le tableau les explications de son professeur de maths dans le but de savoir faire le calcul des pourcentages ; il écoute son professeur d'anglais dans le but de prononcer les phrases correctement. Un élève attentif lit sa leçon de géographie dans le but de la comprendre et de la mémoriser.

Il est dans une **intention** d'apprendre au moment où le cours commence, quand il s'installe à sa table de travail. Il sait ce qu'il a à faire de la connaissance que va lui apporter le professeur, comment la faire sienne, dans quel but. Il sait que faire de son attention.

Si l'enfant apprend une leçon de sciences, il est attentif pour la comprendre et la mémoriser. S'il apprend les tables de multiplication, il les lit, les répète, pour les savoir dans n'importe quel ordre et pouvoir les utiliser dans les multiplications et les divisions. Il est concentré pour répéter et mémoriser.

> **Le saviez-vous ?**
> L'attention d'un très jeune enfant est spontanée, c'est-à-dire qu'il est tout simplement réceptif aux stimuli qui lui parviennent. Puis il se montre capable d'une attention volontaire, nécessaire à l'apprentissage intellectuel.
> Cette attention, qui demande un effort, croît au fil du temps et arrive à son maximum vers l'âge de quinze ans.

Moduler son attention

L'attention doit être nuancée et modulée en fonction des circonstances.

Pendant l'heure de cours, un élève ne peut maintenir son esprit au même niveau d'attention. Le pourrait-il que ce serait tout à fait inutile. Il module son attention en fonction de ce qui se passe dans la classe.

- L'enseignant rend des devoirs, l'élève est alors dans une attention légère, de même quand il écrit dans son agenda ce qu'il a à préparer pour le cours suivant.
- Il renforce un peu son attention quand l'enseignant corrige un exercice qu'il maîtrise, ou revient sur une leçon dont il se souvient. Il est en éveil pour le cas où une information oubliée ou nouvelle serait apportée.
- Lorsque l'enseignant aborde un cours d'histoire, explique une règle ou encore fait la démonstration d'un théorème, l'élève module son attention à son haut niveau.
- L'élève maintenant écoute une explication sur des erreurs qu'il fait, un savoir auquel il n'a rien compris : il se concentre, c'est-à-dire qu'il centre son attention sur ce que dit l'enseignant. Il a fermé son esprit à tout ce qui pourrait le distraire.

La concentration, une attention soutenue

La concentration est l'attention soutenue qu'un enfant porte à son travail, attention que rien n'interrompt. Elle dépend de son intérêt. Tout comme du plaisir qu'il trouve à ce travail, de sa motivation, de la réussite qu'il croit possible.

À l'inverse, sa passivité, le stress, la répétition de la tâche et sa monotonie la perturbent grandement.

L'effort demandé à l'enfant varie en fonction de la complexité du travail :

- **Acquérir de nouvelles connaissances** est ce qui demande le plus de concentration : il s'agit pour lui de comprendre les explications du professeur et non pas seulement de les suivre.

Question de parents

Que dire à un enfant qui ne sait pas comment faire pour être attentif ?

« Je suis toujours sage à l'école, mais je n'ai pas beaucoup de bonnes notes. » Charlotte, 9 ans

« Papa me dit de bien faire attention à mes leçons, de faire un effort, mais ça ne m'aide pas beaucoup. » Julie, 10 ans

« Pour être attentif, moi, j'écoute. » Nicolas, 11 ans

Il faut parler avec l'enfant de ce que signifie « être attentif ».

Pour lui, être attentif, est-ce être calme et écouter le professeur ? Si c'est ce qu'il croit, il se trompe. Certes, il est de bonne volonté, mais ce n'est pas suffisant. Son attitude n'a pas grand-chose à voir avec l'attention.

Donc interroger l'enfant précisément : « Que se passe-t-il quand tu écoutes ton prof ? Est-ce que tu suis la leçon de géographie pour comprendre ce que dit le professeur ? Est-ce que tu suis l'exercice de maths au tableau en sachant que tu auras à en refaire un plus ou moins identique ? Quand tu apprends une leçon d'histoire ou de physique, est-ce que tu la reformules avec tes mots ? » Etc.

Ce sont ces questions qui indiquent à l'enfant ce que doit signifier pour lui « être attentif ».

- **Mettre en application ces connaissances** dans les exercices faits en classe, les devoirs à la maison, mobilise encore beaucoup d'énergie. Ce que sait l'enfant n'est pas parfaitement maîtrisé, il hésite, fait des erreurs, revient au cours.
- **Se servir de connaissances** comprises et mémorisées est le travail le moins exigeant au plan de la concentration : l'enfant a automatisé une partie du savoir.

Quand on travaille avec l'enfant :
- On varie la façon de revenir sur une explication afin d'éviter la monotonie, de créer la surprise.
- On ne prolonge pas une séquence de travail même si tout n'a pas été fait.
- On ne raccourcit pas les pauses au prétexte qu'il y a beaucoup de travail : sans ces pauses, il est illusoire d'exiger une quelconque concentration.

Se concentrer, une habitude à prendre

L'attention idéale dans le travail scolaire est celle qu'a un enfant lorsqu'il est passionné, absorbé par ce qu'il fait. Rien ne l'en détourne. Il n'entend pas ce qui se passe autour de lui. Il ne voit pas le temps passer.

Cette attention lui permet d'apprendre, de comprendre, de mémoriser, de réfléchir et de faire tout travail de créativité.

Mais là, nous parlons d'un idéal dont sont loin les élèves. La plupart de ceux qui consultent pour des problèmes scolaires le font parce qu'ils éprouvent des difficultés à se concentrer.

Se concentrer est une habitude à acquérir.

? Est-ce vrai ?

On dit : « La concentration est facilement influençable. »
Oui, plusieurs facteurs la fragilisent, notamment la fatigue, le manque de sommeil, l'état anxieux ou dépressif, et la consommation d'alcool ou de cannabis.

L'enfant fait ses devoirs assis à une table sur laquelle rien ne peut le distraire. Grâce à sa montre, il est conscient du temps pendant lequel il parvient à se concentrer. Quand il est distrait par des pensées et qu'il n'arrive plus à être attentif, il se lève et quitte sa table pour un court moment. De même quand il fait une pause. Il ne se lance pas dans un jeu vidéo, n'allume pas la télévision, ce qui l'empêcherait de retrouver facilement sa concentration.

Question de parents

Comment aider un enfant qui a du mal à se concentrer au cours d'un travail ?

« Je voudrais travailler mais je suis une rêveuse. » Mathilde, 14 ans

« J'ai peur de ne pas aller dans la même école que mes copains, alors j'y pense tout le temps, et cela m'empêche de bien travailler. » Romain, 12 ans

« J'écoute, mais pas longtemps. » Léon, 7 ans

Quand un enfant est dans la lune, donc incapable de se concentrer, on l'incite à se lever et à terminer sa rêverie debout, avant de se remettre au travail.

Dans le cas où ce sont des inquiétudes, des préoccupations qui nuisent à son travail, on lui conseille de poser le problème par écrit et de déterminer un moment où il y reviendra.

Il essaie, peu à peu, de densifier le temps, c'est-à-dire de se donner moins de temps pour accomplir un travail. Il apprend ainsi à laisser peu de chance à la distraction.

Tant qu'il est dans une séance de travail, assis à sa table, il ne pense à rien d'autre.

Dans le cas où, pour apprendre ses leçons, il a besoin de marcher de long en large, il quitte la pièce quand il n'arrive plus à être attentif et il y revient une fois la pause terminée.

En délimitant un espace, en apprenant à donner de l'importance au temps, il apprend à se concentrer.

Un enfant qui a du mal à se concentrer peut en prendre l'habitude si on multiplie les exercices minutés. Dans un premier temps, pour ses devoirs, on le fait travailler en plusieurs séquences intenses mais de courtes durées. Puis, quand son esprit est moins facilement distrait, on le fait progressivement passer à des séquences plus longues.

Arrivé au secondaire, un adolescent peut fournir un travail intellectuel de trente à quarante minutes sans que son esprit s'évade trop souvent. Le plus difficile est la mise en route. S'il parvient à se concentrer une dizaine de minutes, c'est gagné.

Maîtriser son attention

S'observer quand on travaille

L'enfant note la durée de son attention pendant qu'il écoute ou qu'il lit. Il s'observe aussi selon qu'il est dans un travail qui réclame la mémorisation, la compréhension ou encore la réflexion. Il observe son attention à l'œuvre selon la matière, l'intérêt qu'il lui porte, sans oublier le lieu et le moment de la journée.

L'enfant s'observe, son objectif étant de prendre conscience des moments où il décroche du travail pour parvenir à raccrocher au plus tôt. Plus vite il se rend compte en classe qu'au lieu d'écouter son professeur, il s'est mis à rêver, plus vite il peut remobiliser son attention et se mettre en position d'écoute et de compréhension. Plus vite, à la maison, il s'aperçoit que la voix de sa sœur l'a tiré de son travail, plus vite il est à même de retourner à sa copie, à moins qu'il ne choisisse de faire une pause.

L'enfant analyse les messages qui lui traversent l'esprit après qu'il s'est assis à sa table. Certains – tels « C'est dur », « Je ne vais pas réussir » ou « Je ne comprends rien » – sont démotivants et favorisent les décrochages.

Psycho

Découragé

Un enfant peut se décourager parce qu'il a l'impression de chercher sincèrement à se concentrer sur une tâche, de faire des efforts et de ne pas y arriver. Il a l'impression, en raison des pensées qui l'assaillent, que tout lui échappe et qu'il n'y est pour rien.

Cet enfant doit avant tout être rassuré. On peut lui dire que pour les adultes, ce n'est pas simple non plus. Les parents lui avouent qu'ils sont souvent détournés de ce qu'ils font par des pensées vagabondes ou par des soucis qui les préoccupent, mais qu'ils parviennent à se concentrer lorsque la tâche est importante. Ils lui apprennent à repérer les tâches qui demandent le plus de concentration, à moduler son attention grâce à des jeux (jeu de cartes, dames, échecs). Ils le font travailler à ses devoirs en séquences très courtes et très intenses.

Attitudes positives :

- Inciter l'enfant à estimer le temps nécessaire à un travail, puis à le réduire raisonnablement.
- L'encourager à s'en tenir toujours à une même durée pour ses séquences de travail.
- L'aider à repérer ce qui le fait décrocher.

Utiliser des stratégies pour gagner en autonomie et en efficacité

Après s'être observé en train de travailler, l'enfant module son attention en classe, il cherche, s'il en a l'occasion, une place pour être le moins distrait possible.

À la maison, il choisit l'environnement, les heures qui lui conviennent le mieux. Il décide de ses heures de sommeil.

Il organise ses devoirs et ses leçons selon leur exigence au plan de la concentration.

Il utilise des stratégies de lecture pour être certain de ne pas se laisser distraire, comme souligner les mots importants ou écrire dans la marge les mots-clés résumant un paragraphe.

Le saviez-vous ?
Une bonne façon d'exercer la mémoire est la lecture. Elle met en jeu des opérations utiles à la mémoire, telles l'attention, la construction de sens, le stockage d'informations et leur organisation.

Il utilise des stratégies d'écoute : griffonner, malaxer sa gomme ou encore fermer les yeux ou poser son regard sur une surface neutre.

Il apprend à contrer les messages négatifs qui le distraient de son travail en les remplaçant par des images/souvenirs de réussite.

? **Est-ce vrai ?**

On dit : « Plus un enfant est détendu, mieux il se concentre. »

Oui, il n'est qu'à voir le nombre d'enseignants qui intègrent dans leur pratique pédagogique la relaxation, la gestion du souffle tirée du yoga ou encore la visualisation. Elles favorisent les premières étapes de l'apprentissage qui sont la concentration et la mémorisation.

La mémoire, au cœur de l'apprentissage

Au-delà de l'effort d'écoute ou de lecture, l'attention implique un travail intérieur pour s'emparer des connaissances et les enregistrer. Ce travail, l'attention et la mémoire le partagent La mémoire participe à la construction du savoir à toutes les étapes.

Il n'y a de compréhension possible, de raisonnement, de créativité que si l'enfant stocke des connaissances et qu'elles sont facilement à disposition quand il veut les retrouver.

Il n'y a pas d'apprentissage qui ne passe par la mémoire. Pas d'intelligence.

La mémoire, comment ça marche ?

La comparaison la plus simple est sans doute celle d'une vaste bibliothèque où sont entreposées des centaines de milliers de livres.

L'attention, c'est un peu le chariot qui, de l'entrée de la bibliothèque, amène dans une première salle les livres qui ont été sélectionnés.

Dans cette salle de travail, les livres sont traités, c'est-à-dire qu'ils sont triés, étudiés. Quels sont ces livres ? Sont-ils utiles ? À quoi vont-ils servir ? Où va-t-on les classer ? En compagnie de quels autres livres ?

Les livres ne restent qu'un très court moment dans la salle de travail, car déjà le chariot en amène d'autres à traiter.

Les livres sont stockés dans une deuxième salle immense, un lieu de conservation. Mais, bien entendu, ils sont stockés de façon à être retrouvés facilement. Ils sont là pour des mois, des années, on pourrait dire pour toujours.

Revenons à la salle de travail au moment où arrive du dehors une livraison de livres et où l'on se demande quels sont ces volumes inconnus. Un seul moyen de le savoir, c'est d'aller dans le stock en consulter d'autres, connus ceux-là. Et c'est la raison pour laquelle, dans la salle de travail, on trouve tout à la fois des livres tout frais venus et d'autres plus anciens, sortis de la salle de conservation pour un petit moment. Une fois examinés, étudiés, les livres trouvent donc une place dans le stock. Mais c'est une place encore provisoire, car ils reviennent plusieurs fois dans la salle de travail pour que l'on poursuive leur examen. Ceux qui auront été traités à la légère seront égarés on ne sait où dans la salle de conservation ou même jetés dehors.

Après plusieurs allers et retours dans la salle de travail, où ils sont comparés à d'autres livres, ils sont classés définitivement. Et, à leur tour, ils servent à comprendre des livres nouveaux.

> **Le saviez-vous ?**
>
> **Remédier à un trou de mémoire**
>
> Pour contrecarrer un trou de mémoire lors d'un contrôle, il faut tout d'abord retrouver son calme : on respire lentement en fermant les yeux ou encore en posant son regard sur une surface neutre, on laisse son regard dans le vague.
>
> Enfin, si le trou noir n'a pas disparu, on note au brouillon les mots qui viennent à l'esprit. Un mot en entraînant un autre, il est fort probable qu'un mot-clé ravive la mémoire.

La bibliothèque est toujours en grande activité, en changement perpétuel : on classe et reclasse les volumes en fonction des nouveaux arrivés.

La bibliothèque, c'est la mémoire. Il existe deux types de mémoire qui diffèrent par leur travail et la longévité de conservation des connaissances. Les informations qui passent par les cinq sens arrivent dans une mémoire transitoire. Là, elles s'effacent rapidement, à moins qu'elles ne soient traitées puis stockées dans la mémoire à long terme.

Mémoire à court terme

Cette mémoire transitoire – la salle de travail de notre bibliothèque – contient deux sortes d'informations : celles que viennent de lui transmettre les sens grâce à l'attention, et celles empruntées à la mémoire permanente pour comprendre et traiter les nouvelles arrivées. La mémoire transitoire garde un moment les éléments nécessaires à réaliser un travail.

L'élève l'utilise en classe pour comprendre ce que dit l'enseignant, pour faire une dictée, un exercice de physique ; il l'utilise à la maison quand il apprend une leçon d'histoire, qu'il fait un problème de mathématiques.

Dans cette mémoire, l'information est assimilée, le sens se construit.

Mais cette mémoire est éphémère. Elle dure de quelques minutes à quelques heures à peine. Et si l'élève ne transfère pas ce qu'il vient d'apprendre dans sa mémoire permanente, il en aura oublié plus de la moitié le lendemain.

Il peut se former des « bouchons » dans la mémoire de tra-

Le saviez-vous ?

Un élève capable de répéter ce que vient de dire le professeur n'est pas forcément un élève qui l'a écouté et a mémorisé son propos.
Un élève distrait peut répéter la dernière phrase : elle se trouve dans une mémoire éclair, grâce à laquelle il a mémorisé des mots qui vont s'effacer quelques secondes après. Il ne peut résumer ce que le professeur a dit cinq minutes auparavant : il ne l'a pas enregistré dans sa mémoire à court terme.
Cette mémoire éclair permet de copier une phrase dictée par le professeur ou de retenir deux ou trois nombres, juste de quoi faire un calcul mental.

vail. Elle sature quand on tente d'y mettre trop de choses à la fois. D'où l'importance d'automatiser des savoirs afin que l'esprit reste libre pour d'autres activités. Également de laisser place au silence, qui permet de mémoriser les nouvelles données.

On travaille avec l'enfant par courtes séquences entre lesquelles on installe le silence qui lui permet d'intérioriser. Aussi, savoir ce que l'on va expliquer à l'enfant et comment ne suffit pas, il faut être conscient du rythme du travail qui doit lui permettre d'enregistrer et non pas seulement d'écouter. L'enfant est dans l'incapacité d'apprendre sans des arrêts, sans silences, sans un espace où sa pensée peut rejoindre la pensée de celui qui enseigne.

Attitudes positives :

- On s'arrête de parler après chaque information importante pour permettre à l'enfant de bien enregistrer et de faire place nette pour la suivante.
- On l'incite à s'arrêter régulièrement quand il lit pour qu'il enregistre ce qu'il a lu.
- On lui demande de fermer les yeux après chaque donnée-clé d'une leçon et de prendre le temps de la mémoriser avant de poursuivre.

La mémoire permanente

La mémoire à long terme – la salle de conservation de la bibliothèque – n'est en principe limitée ni par le temps ni par l'espace. La seule difficulté n'est pas tant d'y mettre des choses que de les y retrouver quand on en a besoin.

Cette mémoire est celle des acquis, installés pour certains depuis des années. Elle se réactive grâce à la répétition, à l'utilisation des connaissances emmagasinées.

Sans elle, il n'y aurait ni compréhension ni raisonnement possibles puisque l'on comprend, réfléchit et même imagine en partant de ce que l'on connaît déjà.

Le saviez-vous

On va à l'essentiel dans ses explications. Une masse d'informations pourrait saturer la mémoire de travail de l'enfant.

L'accès à cette mémoire n'est pas direct, on passe toujours par la mémoire de travail, qu'il s'agisse d'entreposer de nouveaux savoirs ou de retrouver, plus ou moins consciemment, un savoir ou un souvenir anciens.

Nécessité de la répétition

Qu'est-ce qui fait qu'une donnée entrée dans la mémoire à long terme se conserve intacte et que l'enfant peut l'utiliser lorsqu'il en a besoin ?

Le plus important est que le passage dans la mémoire à court terme ait été suffisamment efficace. Plus la donnée y est revenue, meilleures sont ses chances de s'inscrire durablement. D'où la nécessité de la répétition.

Astuce

Pour augmenter l'envergure de la mémoire de travail, on demande à l'enfant de mémoriser des suites de nombres ou de mots. Il les écrit dans sa tête tout en les prononçant. À la suite de quoi, il doit les énumérer.

Il ne suffit pas de comprendre pour apprendre ; par la répétition, l'enfant réactive le savoir pour l'ancrer dans sa mémoire. Apprendre ainsi est d'autant plus nécessaire que la leçon est complexe et que l'effort demandé est important.

- **Retour après l'apprentissage**

Dans l'heure qui suit, le cerveau est au mieux pour un premier retour sur ce qui a été appris.

L'enfant ne répète pas tout. Il revient sur les idées principales, il fait un résumé, un schéma, il retrouve une définition, une règle ou un exemple.

Et ce travail, c'est à lui de le faire.

Ce retour devrait se pratiquer à la fin de chaque cours, et à la fin d'une séance de travail à la maison. « Qu'est-ce que je sais maintenant ? » se dit l'enfant. Il se demande également quand et comment il aura à utiliser cette nouvelle connaissance.

Le soir, les élèves qui n'ont pas fait ce travail ne se souviennent guère plus que de 50 % de ce qu'ils ont appris et, dans ces 50 %, combien d'idées essentielles, d'informations assez complètes pour être utilisables ?

Au bout d'une semaine, si aucune réactivation n'a été faite, la déperdition de mémoire avoisine 75 %. Et encore : en l'occurence, il s'agit d'élèves qui étaient attentifs au cours.

- **Retour le soir sur les cours de la journée**

À la fin de la journée, l'enfant tâche de se rappeler ce qu'il a appris ce jour-là. Après, et seulement après, il vérifie dans ses livres et ses cahiers qu'il a bien mémorisé et n'a rien oublié d'important.

Il fait un premier apprentissage de ce qui doit être appris par cœur : tables de multiplication, vocabulaire étranger, définitions, théorèmes. Pour cela, trois ou quatre petites séquences valent mieux qu'une demi-heure d'affilée. L'enfant n'y passe pas plus de temps mais il retient davantage.

Puis il laisse le cerveau agir pendant la nuit.

?

Est-ce vrai ?

On dit : « Les moyens mnémotechniques sont utiles pour mémoriser. »

Oui. Qui ne connaît pas *Adam part pour Anvers avec deux cents sous*, grâce à quoi on se souvient des principales prépositions ; ou *Le chapeau de la cime est tombé dans l'abîme et celui du boiteux dans la boîte*, qui aide à se souvenir des mots avec ou sans accent circonflexe ; ou encore *La corneille sur la racine de la bruyère boit l'eau de la fontaine Molière*, qui énumère tous les grands auteurs classiques du XVIIe siècle.

Et on peut se créer soi-même de bons moyens mnémotechniques, pour mémoriser l'orthographe d'un mot par exemple.

Non. Ce procédé permet de mémoriser des informations, par elles-mêmes dépourvues de sens, mais il est limité en matière d'apprentissage. D'autres façons de mémoriser présentent davantage d'intérêt parce qu'elles s'adaptent au sens de ce que l'on veut apprendre.

- **Retour dans la semaine, juste avant le cours suivant**

De nouveau, l'enfant, livres fermés, se remémore ce qu'il a appris. Et, de nouveau, il consulte ses livres. Il se félicite de ce qu'il a retenu et revient sur les points oubliés. Il fait de même avant chaque contrôle.

- **Retour dans les semaines et les mois qui suivent**

Un savoir est acquis s'il a été appris en plusieurs fois assez rapprochées, puis s'il est consolidé par des révisions espacées. Si l'on ne révise pas, on oublie. Heureusement les connaissances masquées ressurgissent rapidement. Ce qui revient le plus facilement, ce sont les détails, aussi est-il utile d'apprendre à l'enfant, dès l'entrée au secondaire, à faire des fiches avec les mots-clés, les idées principales, fiches qui, pour certaines matières, telles le français, les maths, peuvent se garder et restent utiles sur deux ou trois ans.

En faisant des retours fréquents aux acquis, en les mêlant aux nouvelles connaissances, on les réactive.

Le saviez-vous ?
On oublie parce que le cerveau est programmé pour éliminer ce qui pourrait l'encombrer inutilement.

Le fait qu'un enfant ne fasse pas de révisions sur un long terme est la cause des oublis : vocabulaire d'anglais, propriétés des figures géométriques, sans parler des leçons d'histoire ou des sciences de la vie et de la terre.

Comment expliquer alors que nombre d'élèves ayant répété des notions de grammaire pendant trois ou quatre ans n'en retiennent pas grand-chose ? La cause la plus fréquente est qu'au départ les élèves n'ont pas installé correctement ces notions dans leur mémoire et que les répétitions à l'identique ont ressemblé davantage à du rabâchage qu'à de l'apprentissage.

Il se peut aussi que la grammaire ait été privée de sens : apprentissage trop abstrait, cloisonné, limité à des exercices d'application.

Attitudes positives :

- Demander à l'enfant de dire ce qu'il a appris d'important ce jour-là.
- Veiller à ce qu'il cherche dans sa mémoire ce qu'il sait avant de se lancer dans un devoir.
- Faire en sorte de ne pas oublier les répétitions éloignées dans le temps.

Psycho

Mémoire sélective

Un enfant qui ne mémorise pas est souvent un enfant qui ne trouve aucun intérêt à ce qu'il fait. Il se souvient fort bien de tous les résultats sportifs ou du top 50 des chansons et même de ses leçons d'histoire, mais il se plaint de ne pas y arriver en grammaire. Lui dire qu'il n'y passe pas assez de temps ne devrait pas changer grand-chose.

Souvent il suffit de rendre moins arides les disciplines sur lesquelles bute sa mémoire. Passer par des exemples vivants, absurdes, poétiques en grammaire. Des exemples utilisant des choses qui l'intéressent. Ou encore l'aider à avoir de petites réussites dans la discipline où sa mémoire échoue, car il est fort probable que là, il est en difficulté.

Mais sans doute la meilleure des façons est de donner à l'enfant, par l'exemple partagé, le goût de l'effort. Cela s'apprend. L'effort est suivi du plaisir d'avoir réussi, ou du moins d'avoir mené une tâche jusqu'au bout de ses possibilités. Plus on l'apprend tôt à un enfant, plus on a de chances de parvenir à le motiver ainsi.

À l'adolescence, cela devient beaucoup plus difficile.

Condition d'une bonne mémoire

L'intention de retenir : l'enfant mémorise bien ce qu'il aime ou encore s'il ressent comme utile ce qu'il apprend, s'il sait à quoi cela va lui servir.

La mémoire ne dépend pas du passé mais du futur.

Combien de parents disent ne pas comprendre les difficultés que rencontre leur enfant en classe ! « Il sait pourtant ses leçons », s'étonnent-ils. La preuve : il les leur récite ; mais, le lendemain, il s'en souvient beaucoup moins bien et ses notes n'ont rien à voir avec le temps passé à apprendre.

Il y a mémorisation lorsque, après avoir compris sa leçon, l'enfant s'imagine la réutiliser dans l'avenir : « À quelles questions devra-t-il répondre ? Comment va-t-il utiliser cette règle ? Sous quelle forme ? Quand aura-t-il besoin de cette formule de physique ? Dans quel genre de problème devra-t-il penser à utiliser une multiplication ? »

Si l'enfant n'est pas dans l'intention de réutiliser l'information, elle reste disponible le temps de la mémoire à court terme, qui permet un travail immédiat, mais ne laisse aucune trace ensuite.

Les ancrages, pour retrouver les connaissances mémorisées

C'est ce qui se passe dans la bibliothèque quand, pour classer un livre nouveau, on en sort d'autres, plus ou moins vieux, de la salle de conservation. On se dit que le nouveau pourrait entrer dans la rangée des romans, mais aussi des livres historiques, qu'on pourrait le donner à lire à des adolescents, également à des adultes, et, comme il décrit si bien un pays, pourquoi ne le rangerait-on pas avec les ouvrages touristiques ? Bref, on donne plusieurs références au livre.

> **Astuce**
>
> Quand on doit expliquer quelque chose à l'enfant, plutôt que de lui dire « Écoute-moi » ou « Concentre-toi », qui ne veulent rien dire, on le met en condition d'être attentif. On le laisse sortir ce dont il a besoin, on attend qu'il ait fini de s'agiter et qu'il ait une attitude d'écoute.
> Mais, soi-même aussi, on cesse toute activité, on se pose, prêt à transmettre un savoir.

Et il en est ainsi pour une bonne mémorisation. L'enfant se souvient d'autant plus facilement d'une information qu'il l'a traitée en profondeur et non superficiellement. Cela signifie qu'elle est mieux mémorisée et récupérée s'il la comprend puis la relie à d'autres données déjà stockées. Il compare, oppose, il accroche une donnée à une autre (« C'est pareil, c'est l'inverse, ça ressemble à, ça fait penser à »). **Il crée des liens logiques** entre elles. Plus les associations, qui sont des points d'ancrage, sont nombreuses, meilleure est la mémorisation. Les points d'ancrage sont autant de portes d'accès qui permettent de retrouver une donnée mise en mémoire. Quand une information a bien été attachée à d'autres, s'en souvenir devient aisé.

Les éléments mis en mémoire sont reliés entre eux par des connexions. La mémoire est sans cesse en mouvement, en transformation. Elle s'enrichit, se renforce en permanence. Les liens nouveaux permettent de classer, de simplifier, de structurer. La mémoire utilise les éléments qu'elle a stockés pour en produire d'autres. Elle reconstitue. Elle rebâtit.

Il est essentiel de bien ancrer une donnée pour avoir la chance de la retrouver dans l'immense stock qu'est la mémoire. **Un enfant oublie une donnée quand il ne l'a pas traitée et reliée correctement.**

Aussi, il se demande systématiquement ce qu'il a lu, ce qu'on lui a dit ou ce qu'il a vu, qui se rapporte à ce qu'il apprend. Un mot nouveau, un concept, une leçon, un théorème sont reliés à ce qu'il connaît déjà, et ainsi il les classe dans sa mémoire. La mémoire aime l'ordre et, lorsque l'enfant a besoin du mot, du concept, de la leçon ou du théorème, il n'a pas de mal à les en sortir.

À ne pas oublier :

- Mémoriser, c'est pour l'enfant créer des liens avec ce qu'il connaît déjà.
- Mémoriser une leçon, c'est réfléchir aux questions qui pourraient lui être posées.

- Mémoriser une règle de grammaire, un théorème, une définition, c'est imaginer dans quel type d'exercices il devra les utiliser.

La mémoire et le cerveau émotionnel

- **Le cerveau freine l'action, bloque la mémorisation**, en cas de stress, de peur, de déception ou encore au souvenir d'un échec. L'enfant apprend dans le calme et la sérénité, surtout pas à la dernière minute. Lors d'un contrôle, il ne se laisse pas déborder par les émotions négatives. Et, pour cela, il ne se précipite pas sur son travail. Il laisse ses idées remonter à la surface. Pour les faire revenir, il peut se souvenir du contexte de l'apprentissage, c'est-à-dire se souvenir du moment où le professeur a abordé le sujet, ou encore se revoir en train de réviser, assis à son bureau.
- **Le cerveau filtre les informations.** Il ne se met pas à la tâche si l'information est sans plaisir ou sans intérêt. Aussi le travail doit-il mêler rigueur, excitation intellectuelle, jeu. On peut même y ajouter de l'humour : le cerveau est bon public. Quand un enfant apprend une leçon de grammaire, il se sert d'exemples amusants. De même pour du vocabulaire d'allemand, ou un anglicisme : rien de tel que d'imaginer des phrases complètement absurdes pour réveiller le cerveau.
- **Le cerveau travaille bien dans un temps limité :** de vingt à quarante minutes, selon la difficulté de la tâche, l'âge de l'enfant et son aptitude à assimiler, à passer par un travail réfléchi. Après quoi l'efficacité est moindre. D'où l'importance de ne pas oublier les pauses entre deux séquences de travail.
- **Le cerveau mémorise mieux en début de séquence.** L'enfant commence par les données et les idées principales. La fin de

la séquence permet de vérifier qu'il les a bien enregistrées ; il retrouve l'essentiel.

- **Le cerveau déteste la routine.** Il s'ennuie facilement. Il faut donc penser à le surprendre, à le stimuler intellectuellement.

Les règles d'or

- Anticiper pour être attentif
- Se concentrer : investir de l'énergie là et seulement là où c'est utile
- Alterner travail et pauses pour une bonne concentration et une bonne mémorisation
- Privilégier les silences, les arrêts nécessaires au cerveau pour mémoriser
- Faire un pont vers l'avenir pour mémoriser longtemps
- Faire plusieurs répétitions de ce que l'on veut apprendre
- Se demander ce que l'on a appris d'important ce jour-là
- Comprendre ce que l'on veut mettre en mémoire
- Avoir du plaisir ou de l'intérêt pour mémoriser
- Faire des ancrages solides : lier les connaissances entre elles

5

Comment apprendre ?

De l'élève passif à l'élève acteur

Qu'est-ce qu'apprendre ? Chacun sait, évidemment, répondre à cette question. Apprendre, c'est acquérir des connaissances par le travail intellectuel ou par l'expérience. Mais où la chose se complique, c'est lorsque surgit une autre question : « Comment apprend-on ? Que faut-il faire ? » Car apprendre n'est pas un état. Apprendre est une action. Alors, de quelle action s'agit-il au juste ? Cette action, on l'a vu, touche à la motivation, à l'attention, à la mémoire. Mais encore, peut-on la décrire ? Existe-t-il des moyens efficaces d'apprendre ? Que dire aux enfants qui ne les renvoie pas à ces phrases sans cesse répétées : « Apprends par cœur tes verbes irréguliers » ou « Copie ce mot dix fois », ou encore « Répète plusieurs fois ta leçon ».

Apprendre, c'est être dans une pensée consciente

Pour que la pensée soit efficace, elle doit ressembler au langage parlé. L'enfant se parle à lui-même comme il parlerait à un autre. Il quitte alors le vague dans lequel la pensée aime se prélasser. Grâce aux mots, grâce aux images qui se forment dans son esprit, il mémorise, il comprend et réfléchit. Il est dans une pensée qui construit du savoir.

?

Est-ce vrai ?

On dit : « Prendre du temps signifie perdre du temps. »

Oui, si l'on parle d'un enfant lent à s'installer à sa table de travail, à décider par quoi il va commencer, à sortir de son cartable ce qui lui est nécessaire.

Non, s'il s'agit pour l'enfant de penser, c'est-à-dire d'explorer, de tâtonner, d'élaborer son travail au lieu de se précipiter.

Tout apprentissage demande une maîtrise des facultés intellectuelles. Cela se fait parfois plus ou moins naturellement, mais pas souvent. L'enfant doit prendre conscience que, pour mémoriser ses leçons, pour faire ses devoirs, il lui faut se tenir un discours intérieur, élaborer des stratégies, s'aider d'images mentales.

Pour qu'il en prenne l'habitude, on veille à ce que, dans l'apprentissage, il reformule avec ses mots ce qu'il entend, ce qu'il lit, ce qui lui est donné (un énoncé), ce qui lui est demandé.

On l'aide à se poser des questions :

- Qu'est-ce que cela signifie ?
- Que dois-je faire pour réussir ?
- Qu'ai-je appris à ce sujet ?
- À quoi dois-je faire attention ?
- À quoi dois-je penser ?
- Quelle(s) erreur(s) dois-je éviter ?
- Quand vais-je me servir de ce que j'apprends maintenant ?

Se faire des images mentales

Quand on demande à un enfant au travail ce qui se passe alors dans sa tête, il reste silencieux, ou alors il dit « Je réfléchis » ou « Je pense ». Si l'on pousse plus loin l'interrogatoire, il dit « Je réfléchis à comment s'écrit ce mot » ou « Je pense au problème, à l'opération qu'il faut faire », mais il ne sait pas expliquer comment il réfléchit ni comment il pense. Alors, on lui suggère qu'il est peut-être en train de se parler, et il s'étonne.

Si, au cours d'une dictée, on lui parle du mot dont il cherche l'orthographe dans sa tête, il se peut qu'il dise : « Je le vois écrit. » L'enfant est plus facilement conscient de ses images mentales que du fait qu'il se tient un discours intérieur.

Les enfants arrivent facilement à faire émerger les images mentales et à les contrôler quand on leur dit comment faire. Ils trouvent cela plutôt amusant.

Donner l'envie de lire

Un enfant bon lecteur est un enfant qui se fait des images de ce qu'il lit. Au fil des phrases, il met en scène l'histoire. Plus les images qu'il se fait sont fortes et complètes, plus il a plaisir à lire. Un enfant plongé dans un livre semble coupé du monde qui l'entoure. Il est ailleurs, dans l'histoire qu'il fait vivre dans sa tête. Malheureusement, pour certains enfants, plus nombreux qu'on ne le croit, lire se réduit à parcourir le texte, mot après mot, sans chercher à leur donner du sens, sans chercher à illustrer le texte par des images, leurs images mentales. Ils comprennent ce qui leur parvient de façon automatique. Il ne leur reste de la lecture que des bouts de sens amenés par les images les plus évidentes. Ces enfants n'aiment pas lire, et on comprend pourquoi.

On incite l'enfant à :

- Faire de petites pauses au cours de la lecture, le temps que les images s'installent dans sa tête.
- Revenir en arrière dans le cas où il a lu sans lire, c'est-à-dire où il a parcouru le texte des yeux et que cela n'a pas résonné dans sa tête.
- Prendre son temps à la fin de chaque chapitre pour se raconter ce qu'il a lu avant de commencer un nouveau chapitre.

Psycho

Les images angoissantes

Certains enfants ressentent comme un danger le chemin qui amène au savoir. On dirait qu'ils ne se sentent pas concernés, qu'ils manquent de désir, de curiosité, qu'ils n'obéissent pas aux règles scolaires, ou encore qu'ils sont dans l'impatience de savoir mais sans faire effort. Et l'on confond les effets et les causes.

Nous sommes, avec ces enfants, dans des mécanismes de défense. Tout véritable travail intellectuel exige d'utiliser le langage intérieur et de se faire des images mentales. Et ces enfants ont des images/souvenirs anciens qu'ils ne veulent surtout pas retrouver sur leur chemin. Ne pas se faire d'images est donc le meilleur moyen de se protéger de celles qu'ils craignent et qui pourraient resurgir à tout moment. Voilà pourquoi ils restent à l'extérieur de l'apprentissage, qui se fait en dépit d'eux.

Mémoriser une image

Il ne suffit pas de regarder une image pour s'en souvenir, il faut la décrire avec ses mots. Autrement, on retient un ensemble plus ou moins vague, où manquent des éléments. Ces éléments se construisent au fur et à mesure qu'ils sont clairement énoncés. Parfois l'enfant est à peine conscient de l'avoir fait. Il dit « J'ai bien observé » ou « Je l'ai photographié » et il faut quelques questions de plus pour que le « J'ai bien observé » soit traduit par « Je me suis dit, j'ai pensé, j'ai trouvé que, j'ai compté ». C'est souvent à partir d'un décompte (trois volcans, dix hommes, les deux couleurs du chat) que l'enfant prend conscience qu'il s'est parlé pour mémoriser ce qu'il voyait.

Dans l'apprentissage, ce qui n'est pas détaillé, mis ainsi en relief, n'est pas réellement vu et ne sera pas mis en mémoire. Pas dit : pas vu, donc pas mémorisé.

L'enfant se parle pour mémoriser une image, quelle qu'elle soit : un plan, une figure géométrique, une carte de géographie, un schéma, une photo, un tableau. Et c'est aussi l'orthographe d'un mot qu'il doit voir dans sa tête pour s'en souvenir le jour où il doit l'écrire.

Conseils à donner à l'enfant :

- Pour mémoriser efficacement une carte de géographie, il se dit le parcours des fleuves, la place des villes les unes par rapport aux autres, le regroupement des zones industrielles, etc.
- Pour mémoriser l'orthographe d'un mot, il se parle les difficultés, syllabe après syllabe, puis il visualise le mot dans sa tête.
- Pour mémoriser une figure géométrique, il se parle de ses propriétés tout en la dessinant.

Dialoguer avec soi-même

Ce que l'on se dit à l'intérieur de soi à propos d'une information lui donne de la force. Le rôle du discours intérieur est incontournable. Compréhension, stratégies, hypothèses, raisonnement existent à partir du moment où ils sont mis en place par une pensée logique et structurée.

Il ne faut pas confondre le discours intérieur avec ce que l'on se dit et qui naît spontanément au cours de la journée. Ce verbiage désorganisé, non maîtrisé, fait de bouts d'idées, entrecoupé d'images plus ou moins vagues, d'émotions, de sensations, saute du coq à l'âne, va rarement jusqu'au bout de ce qu'il a commencé.

Le discours intérieur, lui, est proche du langage parlé. C'est la pensée que l'on met en paroles. Il est organisé et ponctué d'images mentales.

Le saviez-vous ?
Les bons élèves ne sont pas forcément plus doués que les autres mais ils automatisent un maximum de connaissances et travaillent donc plus rapidement et avec plus de facilité. Ils ont de plus un langage intérieur très riche.

Lorsqu'un enfant écoute le professeur, apprend une leçon ou même fait un exercice, il reste trop souvent dans une globalité vague d'où émergent des bouts de sens, des images et quelques concepts, mais où pas grand-chose n'est lié. Or il devrait se parler pour accrocher ensemble tous ces éléments et leur donner un sens. C'est un vrai travail.

On explique à l'enfant qu'il doit se parler, on l'aide à le faire dans toutes les matières et dans toutes sortes d'apprentissages : qu'il écoute une explication, lise une leçon ou un énoncé, qu'il fasse un exercice ou un travail de réflexion.

Psycho

Des enfants surdoués ne veulent sous aucun prétexte quitter les copains, d'autres désirent sauter une classe pour recevoir les stimuli nécessaires au plaisir d'apprendre. Emotionnellement et (ou) raisonnablement ils ont fait un choix, qu'il est bon de respecter.

Quand l'enfant apprend une leçon, on lui laisse le temps de :

- la reformuler avec ses mots ;
- se faire des images ;
- mettre en relation ce qu'il apprend avec ce qu'il sait déjà.

Quand il fait un devoir, on lui laisse le temps de :

- comprendre la consigne en la reformulant avec ses propres mots ;
- se faire une représentation du travail à accomplir ;
- se poser des questions.

De l'élève passif à l'élève acteur

Si l'on se penche sur l'origine latine du verbe *apprendre*, on peut le traduire par *prendre pour* ou *prendre vers*. On prend une connaissance *pour* en faire quelque chose. L'enfant apprend du vocabulaire anglais pour son contrôle du lendemain, pour ses devoirs futurs, mais aussi pour toutes les utilisations ultérieures où ce lexique lui sera utile.

On *prend* veut dire que, dans un premier temps, on assimile.

Dans un deuxième temps, on jette un pont *vers* l'avenir. Quand, où, sous quelles formes, dans quelles sortes d'exercices aura-t-on à se servir de cette connaissance ? Sera-t-elle facilement repérable ou aura-t-elle une importance secondaire, c'est-à-dire avancera-t-elle masquée, mêlée, comme insignifiante au milieu d'autres connaissances apparemment plus concernées par l'énoncé de l'exercice ?

On se trouve face à trois élèves…

Le premier attend passivement que la connaissance lui parvienne. Le travail d'attention se fait plus ou moins consciemment. Des informations s'attardent un moment dans sa mémoire de travail et il lui en restera peu, suffisamment cependant pour qu'au fil du temps et des répétitions, il possède un semblant de savoir qui fait parfois illusion.
Le second a envie de savoir. Aussi, il se montre plus actif que le premier : il fait effort pour comprendre. Malheureusement, une fois qu'il a compris, il s'arrête là. Il n'imagine pas qu'il faudrait aussi qu'il songe à l'utilisation de ce qu'il a compris. Il aime savoir, mais non apprendre. À cet élève, il est indispensable de dire qu'une compréhension sans destinée est une compréhension morte.
Le troisième élève est l'élève-acteur. Il est attentif pendant le cours, fait un travail de compréhension puis s'interroge sur l'utilisation de ce qu'il vient d'apprendre.

L'élève-acteur se pose des questions :

- Qu'est-ce qu'on me donne ? Qu'est-ce qu'on me demande ? (Il est dans le présent.)
- Qu'est-ce que je sais et que j'ai appris à ce sujet ? (Il interroge le passé, va chercher dans sa mémoire.)
- Qu'est-ce que je sais de nouveau ? À quoi puis-je m'attendre ? (Il jette un pont vers l'avenir, imagine les applications de cette connaissance.)

Apprendre implique l'enfant

Les élèves performants ont plaisir à travailler parce qu'ils réussissent, et ils réussissent parce qu'ils s'impliquent. Ils ne sont pas dans un apprentissage mécanique. Ils font des liens avec le passé, ils font des liens avec le futur. Ils explorent différentes pistes pour comprendre une nouvelle information et mieux la maîtriser.

Psycho

Réponses aux « pourquoi »

Il arrive qu'un enfant se sente différent des autres parce qu'il est toujours dans le questionnement. « Pourquoi ? » demande-t-il, ou encore « Comment ? ». Mais il perd l'habitude de le faire, à l'école comme à la maison, parce qu'on ne peut répondre à des questions qui manquent de précision, qui mènent on ne sait où. Il a aussi des cheminements de pensée vagabonds qui agacent parfois parce qu'ils ne semblent pas très logiques.

Ses chemins de détour, pour n'être pas classiques, ont leur logique propre. Alors on s'intéresse à ce que dit l'enfant, même si cela semble un peu décalé, on lui demande d'expliquer comment il en est parvenu jusque-là.

On le pousse à aller plus loin dans ses questions, une question ne devant pas forcément amener une réponse mais une autre question. On ouvre ainsi un champ de questions qui vont lui permettre de répondre, lui-même, aux questions qu'il posait.

Apprendre, c'est créer des liens

L'enfant a appris des choses dans la vie tout autant qu'à l'école, et c'est grâce à ces savoirs qu'il peut s'approprier une information nouvelle. Une notion n'est jamais isolée. Elle peut être rattachée à un grand nombre d'autres informations. D'où l'importance de se préoccuper de ce que l'enfant connaît déjà.

On ne cloisonne pas les connaissances, on rattache l'inconnu au connu pour mieux le comprendre, mieux le mémoriser, on mêle les nouvelles connaissances aux acquis. On ne construit pas une maison dans le vide. On la bâtit sur des fondations solides – ce sont les acquis. On ne construit pas une pièce sans la faire communiquer avec une autre, on n'ouvre pas une fenêtre sans s'intéresser à ce sur quoi elle donne, on ouvre une porte intérieure selon les pièces, leur disposition, leur fonction. Il en est de même des connaissances. On apprend des choses en tenant compte d'autres notions, en les accrochant ensemble, en les comparant, en les opposant, en les structurant.

?

Est-ce vrai ?

On dit : « Les choses obligatoires sont ennuyeuses. »

Non, pas forcément. Tout dépend de la façon dont l'enfant s'investit dans l'apprentissage. S'il aime une discipline, il peut avoir plaisir à faire quelque chose qui lui est imposé. Mais il aura d'autant plus de plaisir qu'il s'investira personnellement dans la façon d'apprendre ou de faire.

Et quand l'enfant n'aime pas vraiment une discipline, c'est l'effort accompli qui peut le sortir de l'ennui. Se dépasser est un bon défi qui donne de la motivation à apprendre.

L'enfant compare les propriétés du carré et du losange, compare l'adjectif et le pronom. Il apprend les mouvements de la terre autour du soleil en se souvenant de ce que lui a dit un jour son père et (ou) du petit film d'animation vu à la télévision. En histoire, on fait référence à l'actualité ; en géographie, à ses voyages. On fait un bref rappel de ce qui a été appris auparavant, ce qui permet non seulement de relier un cours à un autre, mais de solidifier une connaissance apprise peu de temps avant et encore en voie de construction, de revenir sur des idées-clés non encore maîtrisées.

- On relie les savoirs scolaires avec ce que l'enfant connaît. Cependant on prend garde à ne pas confondre ce que l'on croit qu'il connaît et ce qu'il sait vraiment – qui n'a rien à voir avec ce qu'il a appris.

Apprendre, c'est savoir utiliser la nouvelle connaissance dans des exercices variés. Une règle est intégrée lorsque l'enfant a compris qu'elle est utilisable dans toute une série d'exercices différents. Elle est intégrée quand il sait comment l'appliquer dans ces exercices, même si elle est un peu perdue au milieu de beaucoup d'autres règles et que l'enfant n'a pas pour consigne d'y prêter attention.

?

Est-ce vrai ?

On dit : « Apprendre par cœur les dates, c'est important. »

Oui et non. Les dates prises isolément n'ont pas beaucoup de signification. Les événements, les batailles, les traités ne prennent de l'importance, ne se chargent de tout leur sens qu'en fonction d'autres événements survenus dans ce pays ou dans d'autres.

On ne mémorise que les dates essentielles, mais on les place dans un espace-temps qui a un sens.

On l'incite à se demander :

- où et comment il aura à utiliser cette connaissance nouvelle ;
- ce qui devra l'alerter ;
- à quoi il pensera alors.

Apprendre, c'est mettre de l'ordre

Le cerveau mémorise facilement des connaissances quand elles sont assemblées de façon logique et cohérente.

Le travail premier à faire avec l'enfant est de lui apprendre à hiérarchiser. Quand il apprend une leçon, il enregistre d'abord son squelette : ce sont les idées principales. Puis il enregistre le développement : ce sont les idées secondaires qui traitent les idées principales. Il pense aux enchaînements qui accrochent les idées ensemble. Enfin, il aborde les exemples, les détails, les points particuliers.

Lorsqu'on interroge des élèves sur un cours appris peu auparavant ou sur des périodes de l'histoire, étudiées cette année-là ou l'année précédente, ils rapportent des anecdotes, des descriptions, des détails, des faits isolés, parfois une date. Ils n'ont guère mémorisé de grandes idées. À cela, plusieurs raisons. Les livres scolaires offrent à lire une foule de détails. Et les enseignants, pour soutenir l'attention des élèves, leur en donnent également en abondance. Or un détail est plus facile à saisir et à mémoriser qu'une idée. Certes, les enseignants en viennent toujours à l'idée générale mais, dans leur grande majorité, les élèves ne l'ont pas mise en relief. Ils placent tout sur le même plan, ils ne savent pas différencier l'essentiel de l'accessoire.

Quand l'enfant récite une leçon d'histoire, de géographie, de sciences naturelles… on lui demande de :

- présenter en deux mots ce dont il va parler ;
- retrouver le plan de la leçon ;
- lier entre elles les grandes idées.

Question de parents

Quelle attitude avoir avec un enfant qui demande toujours qu'on lui explique ses devoirs ?

« Mes parents n'aiment pas beaucoup m'aider pour mes devoirs. Mais les autres parents le font. » Antoine, 14 ans

« Mes parents se disputent parce que Papa trouve que Maman m'aide trop. » Luna, 10 ans

« Le soir, je suis fatigué. J'aimerais que Maman m'explique davantage mes devoirs. » Romain, 11 ans

À l'école et à la maison, l'enfant doit assimiler des savoirs et des savoir-faire. Et cela, personne ne peut le faire à sa place. Expliquer un problème qu'il ne parvient pas à résoudre est parfois nécessaire, mais il s'agit alors de l'aider à dépasser un obstacle sur lequel il bute et non de résoudre le problème. En faisant l'exercice à sa place, il n'est pas certain que l'enfant, même s'il suit le raisonnement, assimile un savoir-faire.

Le mieux serait de lui apporter une explication en se servant comme exemple d'un autre problème, pour qu'il ait à résoudre lui-même celui sur lequel il bute.

Apprendre aussi à se connaître

L'enfant apprend à se connaître en analysant ses résultats et en réfléchissant à son fonctionnement au cours d'un travail. Il évite ainsi de naviguer au hasard, bien ou mal selon les disciplines et ses compétences. Il peut mieux mobiliser ses savoirs.

Pour les parents, il s'agit d'observer l'enfant et de le faire s'exprimer sur la manière dont il a travaillé depuis le moment où il a ouvert livres et cahiers jusqu'à celui où il les a refermés. **On analyse ainsi les erreurs et les réussites**. L'enfant s'interroge sur sa démarche, le but poursuivi, les obstacles rencontrés, les blocages, le degré de réussite, les savoirs intégrés ou non. Quand il comprend comment il fait quand il réussit, quelle démarche il a suivie, cela favorise considérablement les apprentissages.

On demande à l'enfant :
- Par quoi il a commencé.
- Ce qu'il a fait ensuite.
- Ce qui lui a fait perdre du temps.
- Ce qui l'a fait avancer jusqu'à la fin.
- Ce qui, dans ce qu'il savait déjà, l'a aidé dans son travail.
- Comment il a su que son travail était terminé.
- À quoi il a pensé quand il s'est trouvé devant un obstacle.
- Ce qui l'a aidé à le surmonter.

Apprendre selon ses préférences

Les enfants ne sont pas tous identiques. Il en est de même dans l'apprentissage où très vite ils prennent des habitudes. Il est intéressant pour les parents de repérer ces comportements afin de les prendre en compte et d'être d'une aide plus efficace.

Pourtant, attention. Il ne s'agit nullement de définir un profil pédagogique qui correspondrait à l'enfant. Cela pourrait se révéler dangereux en le figeant dans une habitude mentale, qui lui correspondrait à un moment donné, dans une tâche donnée, mais finirait par être appauvrissante. L'enfant a simplement des préférences, des tendances, et elles peuvent même être différentes selon les disciplines.

De plus, les comportements pouvant se révéler des obstacles dans certaines situations, il est essentiel d'aider l'enfant à en développer d'autres pour un bon équilibre intellectuel.

Question de parents

Que faire pour aider un enfant qui reste bloqué sur un devoir ?

« J'ai des devoirs de maths tous les week-ends et je ne suis pas bon, alors je reste dessus pendant des heures. » Julien, 14 ans

« Quand je ne sais pas faire un devoir, mon père me dit que je n'ai qu'à réfléchir, et il me laisse seule. » Morgane, 12 ans

« Il y a des devoirs qui sont difficiles, je ne sais pas comment les faire. » Emma, 10 ans

Il ne faut jamais se précipiter pour aider un enfant dès qu'il dit ne pas comprendre, ne pas savoir. On ne le laisse pas non plus s'enliser trop longtemps. Il s'agit de trouver le juste équilibre.

On l'incite à relire l'énoncé et à le reformuler avec ses mots ; puis à chercher dans sa mémoire ce qu'il connaît et qui est utile à ce devoir : une règle, un théorème, un exemple, ou encore des exercices modèles. Si l'enfant ne les a pas mémorisés, il ouvre son cours.

Et seulement après, s'il ne parvient toujours pas à s'en sortir, on s'assoit à ses côtés et on l'aide.

- Un élève a une préférence pour la synthèse. Il part d'une impression globale, puis il remplit l'intérieur de ce cadre comme il le ferait d'un puzzle. Il a plus de difficulté à tenir un raisonnement bien organisé dans le temps.
  Un autre est plus naturellement à l'aise dans l'analyse. Il dit « Premièrement, deuxièmement ». Il suit efficacement une logique temporelle mais il arrive plus tardivement à l'idée générale que le premier.

Question de parents

Que faire pour un enfant qui ne se plie pas aux règles de l'apprentissage et qui pourtant se montre curieux et intelligent ?

« *Dans mon école idéale, il n'y aurait que des enfants. On travaillerait quand même.* » Laurène, 8 ans

« *Je m'ennuie en classe et aussi à la maison, car il faut toujours faire ce que disent les profs. On ne peut pas penser autre chose.* » Claire, 12 ans

« *J'aimerais bien aller dans une école où on ne serait pas obligé de faire toujours la même chose.* » Louis 9 ans

Ce que disent ces enfants est qu'ils souffrent de ne pouvoir s'exprimer vraiment. Les règles qui habillent l'apprentissage leur paraissent trop rigides. On s'en tient aux raisonnements des professeurs et on n'a pas à en trouver d'autres ; on suit leurs dispositifs, on ne s'en écarte pas ; on écrit en bleu ou en noir selon leurs exigences. Si cela convient à des enfants que rassure le fait d'être bien cadrés, cela pèse à beaucoup.

L'enfant a un brouillon qui lui appartient. À lui de travailler dessus à sa convenance, tout en sachant que le travail au propre sera tel que le veut l'enseignant. Il utilise des couleurs différentes selon qu'il s'agit d'un exercice ou d'exemples ; il garde le recto d'une feuille pour le travail demandé par l'école et le verso pour ses recherches ou encore ses interrogations personnelles. Parfois, un simple cahier de brouillon peut sortir un enfant de l'état d'ennui où le plonge le travail scolaire.

Il peut apprendre en se servant d'outils informatiques, de fiches ou de manuels.

Et puis, c'est à la maison que peuvent lui être données des occasions de mettre en œuvre sa réflexion et son imagination. On lui offre un environnement riche en ressources et en sollicitations.

- Un élève part de la règle pour aller à l'exemple. Il résout un problème de géométrie en retrouvant les théorèmes et non les exercices faits en classe.
  Alors qu'un autre a besoin d'un exemple pour comprendre. Il part, lui, du souvenir d'un exercice pour résoudre le problème.

- Un élève se sent en sécurité quand il suit à la lettre les consignes. Il a besoin d'indications précises, et les évaluations fréquentes le rassurent. Il manque d'esprit d'initiative mais il est bon dans les exercices d'application.
  Il a son opposé. Celui-ci ne suit pas vraiment les consignes et aime faire à sa façon. Il a du mal quand il se sent freiné par trop d'indications. Il trouve plus de motivation que son camarade, mais son travail ne correspond pas toujours à ce qui était demandé.

- Il y a celui qui, sensible au relationnel, est plus dépendant de l'enseignant que de la matière. Ses résultats fluctuent en fonction des liens qu'il a noués en classe. Ils peuvent être très irréguliers selon les années.
  Alors qu'un autre, sensible à la matière enseignée, a des résultats plus réguliers, son travail dépend peu de ses rapports avec les autres. Il travaille dans les disciplines qu'il aime, délaissant souvent les autres.

- Un élève est impulsif. À l'oral comme à l'écrit, il se précipite dans l'action sans vraiment réfléchir. Le défaut est que sa pensée ne précède pas l'action, elle se forme souvent au fil des mots, il lui arrive donc de se tromper.
  À l'inverse, un autre élève est réflexif. Il prend son temps

pour penser, d'où une lenteur. À l'oral, il participe peu car d'autres le devancent, et il se rend compte trop tard qu'il savait la réponse et aurait pu la donner.

- Il y a encore l'élève qui aime avancer sur un chemin balisé. Cela le rassure. Il aime les similitudes et intègre facilement ce qui s'ajoute à un savoir bien installé en lui. Il préfère être conforté que surpris.
  A contrario, c'est dans l'opposition, les contradictions, qu'un de ses camarades se construit. Il dit « Mais », « Pourtant vous aviez dit ». Ce qui est nouveau l'intéresse. Il mémorise mieux ce qui le surprend et qui va à l'encontre de ce qu'il pensait.

Si un enfant peine en classe :
- On l'aide à repérer ses habitudes dans chaque discipline.
- On analyse avec lui son comportement dans une tâche qu'il réussit.
- On lui suggère d'essayer d'autres façons de faire, là où il est en difficulté.

L'imagination au service de l'élève

Le saviez-vous ?
Pour qu'un travail créatif ou une expression écrite soient intéressants, l'enfant ne doit pas s'arrêter à la première idée qui lui vient à l'esprit. Il en laisse venir spontanément plusieurs, avant de se décider pour la plus personnelle, la plus forte.

Il y a la rêverie, qui surprend à l'improviste l'enfant au travail, et l'imagination, qui est un acte intellectuel et dynamique. L'imagination permet de créer, de découvrir, d'inventer, d'associer, d'anticiper.

Contrairement aux idées reçues, elle ne concerne pas la

seule créativité, elle est la base de la recherche dans les sciences, ainsi que dans tout travail d'étude et d'investigation dans la vie professionnelle. Dans la vie scolaire et personnelle, son rôle est déterminant quand il s'agit de cerner un problème, de trouver des solutions. Pourtant, à l'école mais également au sein de la famille, l'imagination est délaissée au profit des aptitudes logiques et rationnelles.

C'est vrai qu'il est difficile d'évaluer un travail créatif, on ne peut se référer qu'à un jugement subjectif. Or, tout le long de son parcours scolaire, l'élève est noté : le petit qui apprend à lire, l'élève du secondaire, même l'étudiant. Et l'on décompte les erreurs, ce qui ne peut se faire avec l'imagination. L'autre raison de la délaisser est l'ignorance de son utilité pratique dans l'apprentissage.

Faire à l'identique

L'imagination est le seul domaine où l'enfant puisse exprimer son génie personnel, son originalité. Or l'occasion ne lui en est pas souvent offerte, la consigne à l'école étant de « faire pareil ». On montre un exercice le lundi, on demande de le refaire le mardi, et le jeudi. Après quoi, l'enseignant note l'exactitude de la reproduction.

On demande à l'enfant de faire à l'identique et non d'imaginer. Il fait à l'identique un problème de maths ou un exercice de grammaire. Et là où il pourrait réfléchir, l'habitude aidant, il préfère passer par la mémorisation. Il mémorise des modèles qu'il duplique.

À force de reproduire, il rigidifie sa façon de penser. Et son esprit perd de sa mobilité, c'est-à-dire la possibilité de passer brusquement d'un domaine à l'autre, comme par exemple faire des métaphores pour comprendre l'abstrait, ou rapprocher des connaissances appartenant à des matières différentes. L'esprit de l'enfant perd sa fluidité, c'est-à-dire la possibilité de produire un maximum d'idées en un minimum de temps, d'aborder les problèmes sous des angles différents, ce qui évite de rester bloqué sur une difficulté qu'on tente de résoudre toujours de la même façon.

L'enfant se sert intelligemment de son imagination si :

- On le laisse décider de ce qu'il a à faire pour le cours suivant.
- On ne lui donne pas la règle d'un travail.
- On ne lui dicte pas les étapes nécessaires à la réalisation du travail.

Les exercices d'application tuent l'imagination

À chaque cours correspondent des exercices appropriés. Jour après jour, les élèves ont à faire des exercices d'application destinés à évaluer leur compréhension de ce qu'ils ont appris. Ils ont donc la volonté de reproduire, et ils rencontrent des difficultés quand les exercices sont différents de ceux qui ont servi d'exemple à l'enseignant.

L'élève ne doit pas se cantonner à comprendre le cours. Comme le premier de la classe, il prend des initiatives, se pose des questions. Il imagine des questions, des exercices pour lesquels il n'aurait pas mémorisé des réponses et des solutions toutes faites.

L'enfant muscle son imagination quand :

- On lui donne des exercices sans énoncé.

- On lui demande d'inventer un exercice, un problème.
- On le fait rechercher des similitudes dans d'autres matières, d'autres domaines.

L'imagination à l'aide de l'anticipation

L'enfant doit utiliser son imagination pour mener les opérations complexes de compréhension et de réflexion. Imaginer lui permet de comprendre ce qui est abstrait. De comprendre des sujets d'histoire, de physique, ou des notions de géométrie et de sciences.

Lorsqu'il pense au devenir de ses apprentissages, il est dans l'imagination. Il imagine le prévisible, mais aussi l'inattendu. D'où l'intérêt de l'entraîner très tôt et de façon continue à une pensée personnelle, une pensée mobile, une pensée anticipatrice. Car il en aura besoin pour s'adapter au changement permanent, pour « inventer » ses activités ou métiers futurs.

L'enfant anticipe quand :
- Il donne un avenir à ce qu'il apprend pour être en mesure de le réutiliser.
- Il imagine sous quelle forme il aura à se servir de ce qu'il vient d'apprendre.
- Il envisage que ce qu'il a prévu sera sans doute très différent.

L'imagination utile à la réflexion

Dans un travail de logique, un enfant doit faire preuve de rigueur pour arriver à une conclusion. Il ne peut échapper à la rigidité de la logique qui n'accepte aucune entorse. C'est cette rigidité même qui fait l'intérêt de la logique.

Pourtant, il arrive que la pensée de l'enfant se bloque et qu'il ne parvienne pas à surmonter un obstacle, l'affrontant toujours de la même façon, puisqu'on ne peut avec la logique prendre des chemins de détour.

> **Astuce**
> On incite l'enfant à trouver plusieurs solutions à des problèmes du quotidien. C'est excellent pour l'imagination.

L'imagination peut aider l'enfant bloqué dans son travail. Grâce à elle, il peut tenter d'autres approches, se saisir de la difficulté autrement. Le défaut de l'imagination qui est aussi sa force est qu'elle manque, elle, de rigueur.

Question de parents

Que faire quand on a peur de se tromper en travaillant avec son enfant ?

« *Maman me dit d'aller voir dans mes livres. Elle dit qu'elle n'a pas le temps, mais je crois qu'elle ne sait pas.* » Laurène, 12 ans

« *Une fois, mon papa s'est trompé. Mon devoir était faux.* » Alexis, 9 ans

« *Ma maman est moins forte que la maîtresse. C'est normal.* » Théodora, 8 ans

Quand on aide l'enfant à faire un devoir, quand on lui apprend quelque chose et qu'on craint de se tromper, on dit: « Il y a bien longtemps que j'ai appris cela », ou « Les maths ne sont pas mon point fort » ou « Je ne trouve pas dans ton livre les informations pour vérifier que je ne te dis pas une bêtise. Alors écoute attentivement ton professeur et dis-moi si je me suis trompé. »

Il n'y a pas de honte à ne pas savoir ou à faire une erreur. Comme le dit Théodora, l'enseignant est plus « fort » que les parents, et c'est normal. On avertit l'enfant qu'il y a un risque d'erreur pour qu'il soit vigilant et n'installe pas quelque chose de faux dans sa mémoire.

La logique et l'imagination sont complémentaires. D'où l'intérêt de mettre l'imagination au service de la logique. L'enfant laisse parfois sa pensée faire des détours créatifs avant de se ré-ancrer dans une démarche logique.

Pour mettre l'imagination au service de la logique :

- L'enfant invente des histoires : les idées amenées par l'imagination sont recadrées par la logique.
- L'enfant a le droit à l'erreur.
- L'enfant ose chercher différemment, expérimente.

Les règles d'or

- Se parler, se faire des images, se poser des questions
- Reformuler une leçon avec ses propres mots
- Imager ce qu'on lit
- Se décrire ce que l'on voit pour le mémoriser
- Prendre le temps de s'approprier une connaissance
- S'observer en train de travailler
- Faire vivre les connaissances dans des exercices différents
- Hiérarchiser les idées
- Anticiper, donner un avenir au savoir
- Oser se tromper

6

Comprendre et réfléchir

À la conquête du sens

Pour les enfants, comprendre, réfléchir relèvent un peu du magique. Ils y arrivent parfois, disent-ils, mais pas toujours. Ils comprennent dans certaines matières et pas dans d'autres, ils comprennent en grammaire mais pas en maths, ou encore ils comprennent un jour et pas le lendemain. Ils arrivent à réfléchir à la maison sur des sujets divers, mais pas quand il s'agit de matières scolaires. Ou bien ils réfléchissent avec un professeur, mais pas tous seuls.

Quand on leur demande comment ils étudient, ils évoquent l'attention, la mémoire, conscients qu'ils s'en servent pour travailler. Ils parlent des efforts, aussi. Pour eux, l'apprentissage s'arrête une fois qu'ils « savent », c'est-à-dire qu'ils ont mémorisé. Ils ne parlent pas du sens, inhérent pourtant à la compréhension et à la réflexion, ou alors dans un cri qui veut tout dire et rien à la fois, qui résonne comme un cri de défaite : « Je ne comprends rien. »

Ils sentent confusément qu'autre chose est en jeu, mais qui relève plus du don, pensent-ils. Il y a, selon eux, les élèves doués, qui ont la chance de comprendre vite, de réfléchir sans peiner. Et les autres qui comprennent parfois mais pas toujours, et qui ignorent comment faire pour réfléchir.

Quant aux parents, voire aux enseignants, ils mettent les problèmes scolaires sur le compte du manque d'effort : « Devrait faire plus d'efforts. » À moins qu'ils ne parlent de leurs difficultés à se concentrer ou à se souvenir de ce qu'ils ont appris la veille. Ils incriminent encore une absence de motivation ou une mauvaise organisation du travail. Mais jamais, au grand jamais, une difficulté à comprendre ou à réfléchir.

Il est vrai qu'une faiblesse dans la motivation, la concentration ou encore la mémorisation se révèle de façon évidente. Alors qu'on peut masquer le fait qu'on ne comprenne pas sous un « par cœur », ou encore que l'on ne parvienne pas à réfléchir sous des à-peu-près.

Or, passer par le sens dans l'apprentissage est nécessaire au développement de l'intelligence.

Comprendre et réfléchir, c'est donner du sens

Comprendre et réfléchir, c'est impliquer la motivation, la concentration, la mémoire, l'imagination, mettre la pensée au travail, faire effort.

L'élève comprend quand il donne du sens à un texte, à une leçon, à ce que dit le professeur ; quand il rend intelligible ce qu'il doit apprendre grâce à ce qu'il connaît déjà.

L'élève réfléchit quand il examine une idée, un exercice, un problème, un énoncé en allant fouiller dans ses connaissances ; quand il fait le tour de la question posée pour y répondre.

Il passe par le sens pour comprendre. Il passe par le sens pour réfléchir à une question, à un problème.

Des élèves brillants le font si bien qu'il semblerait que cela soit évident. Ils écoutent le professeur, lisent un texte et, sans avoir à faire d'effort apparent, comprennent, élaborent leur réflexion.

Secrets de premiers de la classe :

- « Quand j'apprends une leçon, j'imagine que je suis le prof et que je dois l'expliquer aux élèves. Comme cela, je sais si je l'ai bien comprise. »
- « J'aime les problèmes de maths parce qu'ils sont très logiques. Si on a un élément de la solution, le reste vient tout seul. Alors, j'accroche à chaque type de problèmes un élément, un seul. »
- « Je fais souvent des schémas de mes leçons avec des cases, des flèches, des mots soulignés. Cela m'aide à ordonner les idées. »

L'évidence et l'illumination

L'évidence. Quand les choses sont simples, on les comprend sans faire le moindre effort. C'est comme une évidence. Si on aperçoit un chat coursant une souris, on comprend qu'il cherche à l'attraper pour la manger. On saisit le sens de cette scène parce qu'on a des acquis en mémoire : le chat est carnivore et, dans des dessins animés, on le voit aux aguets devant un trou de souris, rêvant qu'il est en train de la manger.

Il en est de même à l'école. Un élève se saisit de ce qu'il lit ou de ce que dit le professeur sans avoir l'impression de faire un effort. Si le professeur parle d'adjectif qualificatif ou de nombre décimal, l'enfant a dans sa mémoire de quoi décoder aussitôt ces mots. Il en a une compréhension immédiate.

L'illumination est un peu différente. Un élève lit l'énoncé d'un problème de géométrie. Il s'arrête quelques secondes, le temps de faire retour dans sa tête, et, eurêka, il trouve la réponse et fait aussitôt la démonstration. Pas plus que l'évidence, l'illumination n'est due au hasard ou à un talent particulier. Dans le cas de l'illumination, l'élève a non seulement mémorisé des explications données par le professeur, des démonstrations, des théorèmes, il a aussi automatisé certains savoirs et savoir-faire et n'a pas à chercher les propriétés de la médiatrice ou celles du parallélogramme. Dans sa réflexion, il saute des étapes automatisées, et cela va si vite qu'il n'a même pas conscience d'avoir « travaillé ».

Apprendre, est-ce seulement comprendre ?

Quoi de plus facile que de confondre comprendre et apprendre ? À un enfant, on demande d'apprendre une leçon d'histoire ou de biologie. La leçon est longue, l'enseignant n'exige pas le par cœur. Il demande tout simplement de l'apprendre, parfois il ajoute qu'il faut la comprendre. Pas toujours : il l'a dit déjà pour des leçons précédentes, donc il ne se répète pas, cela lui semble évident. L'enfant rentre chez lui. Il ouvre son cahier et se met à lire la leçon. Il la lit

Le saviez-vous ?
L'enfant en échec scolaire est le plus souvent un enfant qui se parle peu à lui-même. Il reste dans un apprentissage où l'imagination et la réflexion n'ont guère de place.

une fois, deux fois, parfois trois. À ses parents, il dit la savoir, ajoutant qu'il n'avait pas à l'apprendre par cœur. « Bien », disent ses parents, qui lui posent une ou deux questions auxquelles répond l'enfant.

A-t-il appris sa leçon ? Rien n'est moins certain. Car sait-il seulement ce que c'est qu'apprendre une leçon ? Est-ce le fait de l'avoir lue trois fois en élève consciencieux plutôt qu'une qui fait la différence ? Combien de lectures seraient nécessaires pour l'avoir comprise ? À quoi aurait-il dû réfléchir pour être certain de l'avoir vraiment apprise ? Quelles questions aurait-il dû se poser ?

La compréhension, si elle est nécessaire, n'est pas toujours suffisante, elle nécessite d'être accompagnée par d'autres apprentissages qui varient selon la matière, le type de leçon, l'attente du professeur. Ainsi l'enfant doit savoir énoncer (une définition, un théorème), distinguer deux notions (la Révolution française et la révolution industrielle), raconter (la découverte de l'Amérique par Christophe Colomb), dessiner (faire un schéma, une carte de géographie), expliquer (réfléchir à un texte, l'analyser), énumérer (les pronoms), automatiser (les tables de multiplication), répondre à des questions, réussir un exercice d'application.

? Est-ce vrai ?

On dit : « Un enfant qui donne de bonnes réponses est un enfant qui apprend bien. »

Oui, cet enfant sait. Encore que tout dépende du moment où il donne les réponses. Est-ce le jour même, le lendemain ou une semaine après ? À l'inverse, un enfant qui ne donne pas de bonnes réponses mais prend des risques, émet des idées, construit un raisonnement en grande partie correct est un enfant qui est dans un apprentissage intéressant et enrichissant.

Le par cœur, insuffisant sans la compréhension

Les enfants, tant au primaire qu'au secondaire, prennent l'habitude d'apprendre leurs leçons en les répétant jusqu'au par cœur. Ainsi les voilà rassurés d'avoir bien mémorisé. Le résultat de cet apprentissage peut être satisfaisant jusqu'aux premières années du secondaire. Mais les élèves qui ont délaissé la compréhension pendant toutes ces années s'écroulent, une fois arrivés dans les classes terminales. Là, il devient impossible d'apprendre une leçon sans la comprendre puisque les questions posées demandent un effort de réflexion.

Ce n'est pas le par cœur qui est un mauvais apprentissage en soi, mais le fait qu'il y ait souvent mémorisation sans compréhension. Un enfant peut apprendre une leçon par cœur si cela doit vraiment le rassurer, mais il ne peut se passer de l'avoir comprise, ce qui signifie qu'il s'empare du sens de la leçon.

Il va de soi que plus le sens de la leçon est clair, plus la leçon est facile à mémoriser.

Le par cœur obligatoire

L'objectif du par cœur est de pouvoir restituer avec exactitude et précision certaines données, ce qui n'exclut pas de comprendre ces données ou encore de réfléchir à la manière de les mémoriser au mieux.

L'enfant apprend par cœur :

- Les définitions, les théorèmes. Mais quand il les apprend, qu'il les récite, quand il les utilise, il les charge de tout leur sens.

- Les récitations. Mais il n'apprend pas une suite de mots vides de sens, il se fait des représentations visuelles. Il est attentif aux images et aux sons.
- Les tables de multiplication. Mais il utilise des stratégies, dont l'apprentissage à voix haute.
- Les dates. Mais il les charge de sens en comprenant l'importance des événements.
- Les conjugaisons. Mais il compare les temps, les modes des verbes, compare les terminaisons.
- Le vocabulaire étranger. Mais il s'imagine en train de parler. Il invente des phrases dans lesquelles il l'utilise.

Apprendre les leçons : un exercice impossible ?

Apprendre une leçon d'histoire, de géographie ou encore des sciences de la vie et de la terre, c'est pour l'enfant se constituer un savoir, un savoir unique, le sien. Et pour cela, point de par cœur, il passe par la compréhension : il s'empare d'un contenu, le confronte avec ce qu'il a déjà intériorisé, donne du sens aux connaissances. En se servant de ses propres références, il mémorise la démographie dans le monde, la circulation du sang et la Révolution française.

Le but de ces cours est que l'enfant intègre quelques acquis dans son bagage culturel. Malheureusement, certaines leçons surabondent de données au détriment du sens. Elles croulent sous les détails, ou encore les informations y sont tellement compactées que le texte est une succession d'abstractions. Or une surcharge de données nuit au sens parce que l'enfant ne sait pas aller à l'essentiel dans un texte et qu'il manque des références nécessaires pour le rendre intelligible. Il ne peut faire autrement que de mettre en mémoire du par cœur ou un semi-par cœur agrémenté de bribes de compréhension. Il ne peut passer par une compréhension fine ni par un travail de réflexion.

Or, dans ce genre de leçon, le par cœur, lorsqu'il est privé de sens, n'installe aucune réelle connaissance, ne permet pas de se faire des acquis. Une leçon privée de sens n'a pas d'utilité. À part celle, pour l'enfant, d'avoir une bonne note le lendemain.

Le saviez-vous ?
Réfléchir, c'est au moins autant se poser des questions qu'apporter des réponses. D'où l'intérêt d'apprendre à l'enfant à se poser des questions. « Que veux-tu savoir sur la bissectrice avant que nous n'allions plus loin dans la leçon ? » « Qu'aimerais-tu connaître au sujet des océans qui n'a pas été évoqué ? » On l'incite à dire « pourquoi » et « comment ». Poser une question, c'est déjà être dans l'intelligibilité.

Quand un enfant comprend une leçon, qu'il l'accroche à ce qu'il connaît, elle acquiert toute sa valeur car elle devient quelque chose qui lui est personnel.

D'où l'importance de la parole de l'adulte qui navigue plus aisément dans toutes ces informations, ses connaissances lui permettant de sélectionner les informations utiles, de structurer, de hiérarchiser. L'adulte est le passeur qui donne du sens à la leçon. Grâce à des analogies, des exemples, en s'attardant sur des points qui aident à la saisie de sens, il fait des ponts avec ce que l'enfant connaît, avec sa réalité.

Secrets de premiers de la classe :

- « Pour m'aider à comprendre les leçons, je regarde les schémas, les tableaux, les photos, et je lis les légendes de ces illustrations. »
- « Quand je lis une leçon d'histoire ou de géographie, je me fais des représentations très réalistes de ce que j'apprends. »

- « Ce que j'aime le plus, ce sont les questions que je me pose quand j'apprends quelque chose de nouveau et que je ne sais pas encore. »

Question de parents

Que dire à un enfant qui manque de rigueur dans son travail ?

« Je n'ai pas l'impression que ce que j'écris est faux, mais je n'ai pas de bonnes notes. » Myriam, 10 ans

« Le professeur met zéro à une question quand elle n'est pas toute bonne, je ne trouve pas ça juste. » Aurélien, 8 ans

« Mon professeur de français dit que je manque de précision. Elle note sévèrement. » Melchior, 12 ans

L'enfant ne peut pas rendre un devoir plein d'imprécisions en espérant que le professeur ira y pêcher quelque chose de juste. Il vaut mieux pour lui ne pas répondre à une question que d'écrire un peu n'importe quoi, qui a toutes les chances de tomber à côté. Il vaut mieux ne pas assembler deux ou trois bouts d'idées qui semblent correspondre plus ou moins à ce qui est demandé.

Que l'enfant n'essaie pas de tout faire, de répondre à toutes les questions. Mais qu'il apprenne à faire très bien le maximum de ce qu'il peut.

On l'habitue à la rigueur en ne tolérant pas les imprécisions, en lui interdisant d'écrire des choses qu'il ne comprend pas.

Acquérir du vocabulaire, une priorité absolue

On pense, on comprend, on réfléchit grâce aux mots emmagasinés en mémoire. Tout apprentissage intellectuel nécessite un capital de mots. Plus il est important, plus l'enfant est à même de bâtir sa pensée. Les élèves performants connaissent un grand nombre de mots. Grâce à eux, ils peuvent nommer, décrire, transmettre une idée, lire et comprendre, appréhender ce qu'on leur dit.

À l'inverse, un vocabulaire trop restreint serait la principale raison des difficultés rencontrées par les élèves dans l'apprentissage de leurs leçons, mais aussi en grammaire, en mathématiques, ou dans la lecture d'un texte et des énoncés. Toutes les études, celles de chercheurs et du ministère de l'Éducation nationale, mettent en avant un déficit lexical pour expliquer les échecs d'apprentissage.

?

Est-ce vrai ?

On dit : « Un enfant commence souvent un devoir alors qu'il n'a pas compris tous les mots de l'énoncé. »

Oui, les trois quarts des élèves de primaire se heurtent à des mots tels que « inscrire, reporter, partager, constater, intervertir, successif, vitesse horaire, bénéficier d'un avoir, de quelle somme dispose », etc. Et les élèves à leur arrivée au secondaire ne savent pas tous ce qu'ils ont à faire quand on leur demande de « regrouper, conclure, classer, substituer ».

Et pourtant, après avoir lu l'énoncé, ils se lancent dans le travail parce qu'ils se souviennent d'un exercice où ce mot était utilisé, et ils réussissent ; ou ils se lancent parce qu'il le faut bien, et là ils échouent.

Le vocabulaire compris par un enfant de six ans varie de 600 à 1 800 mots. Et déjà ces écarts sont porteurs d'inégalité : la pauvreté de vocabulaire perturbe l'apprentissage de la lecture.

L'enfant qui apprend à lire et à qui n'a pas été donnée l'occasion de fréquenter une grande variété de mots est donc handicapé dès sa première année d'apprentissage et s'il ne peut, en dehors de l'école, rattraper ce retard, cela peut nuire à toute sa scolarité. Il apparaît en effet que plus les enfants maîtrisent un vocabulaire riche et précis, plus ils ont de facilités dans leurs études.

Des recherches ont été faites sur le vocabulaire auquel se trouve confronté un élève dans sa première année du secondaire[1]. Un décompte amène à un total de **6000 mots nouveaux** introduits dans les manuels. Un enfant, au cours de quelques mois, entend ou lit 6000 mots qui lui sont étrangers, dont 2000 mots en français, plus de 1000 en histoire et 800 en géographie, près de 900 en éducation civique, 700 en anglais et pas loin de 200 mots en mathématiques.

Ces chiffres sont stupéfiants. Mais il n'est qu'à ouvrir un manuel scolaire et interroger un enfant sur la signification des mots pour s'assurer que ces nombres ne sont pas exagérés.

Les mots

Les mots que découvrent les élèves dans leurs manuels sont de quatre sortes :

– Les mots qu'ils ont peu l'occasion de rencontrer dans leur quotidien, tels composante, administrer, dislocation, interagir.

– Les mots de vocabulaire étranger : *der Wald*, *die Reise* (allemand) ; *forest*, *travel* (anglais).

– Les noms propres, ils fourmillent par exemple dans les cours d'histoire, tels Virgile, l'Énéide, Osiris, Troie et Jupiter.

– Les mots de métier, c'est-à-dire plus spécifiques à une matière : friche, taïga, sédentaire, polder, métropole (géogra-

1 Alain Lieury, *Mémoire et réussite scolaire*, Dunod, 2004.

phie) ; citoyenneté, démocratie (éducation civique) ; curie, censeur, aède, annone, disciple (histoire) ; médiane, bissectrice, théorème (maths).

On peut se demander, de tous ces mots rencontrés au secondaire par les élèves (11-12 ans), combien leur restent en mémoire à la fin de l'année.

Des enfants testés, certains avaient mémorisé 4000 mots. Ils étaient les plus brillants. Les moins bons n'en avaient retenu que 1000 à 2000. Un grand nombre (3000 mots) séparait le meilleur (17/20) du dernier (4,5/20).

Les résultats de cette recherche se vérifient dans toutes les classes. Un élève qui réussit ses apprentissages possède un capital de mots important, et l'enfant en échec est englué dans des difficultés dues à un manque de vocabulaire. Privée de signifiants, sa pensée ne peut se développer confortablement. En lisant, il bute sur des mots qui le conduisent à des faux sens, à des contresens, à des blocages dus à tous ces trous noirs qui émaillent le texte. Pareillement, le voilà freiné quand il s'agit de réfléchir puisqu'il lui manque les outils que sont les mots.

Astuce

Pour s'assurer qu'un enfant a bien compris un mot, lui demander de l'utiliser dans une phrase.

Secrets de premiers de la classe :

- « Je coche au fil de mes lectures les passages intéressants. »
- « Je souligne au crayon les mots que je ne connais pas. Comme cela, je ne perds pas le fil de ma lecture, et je pense ensuite à demander ce qu'ils signifient. »
- « Je me renseigne toujours sur les personnages que je rencontre dans mes cours d'histoire. »

Une richesse culturelle

Mais que signifie connaître un mot ? Est-ce pouvoir en donner la définition ?

L'enfant mémorise un mot. Non seulement il le comprend mais il sait l'utiliser. Il maîtrise son usage.

Le rôle des parents dans l'acquisition du vocabulaire est déterminant.

Il y a les livres que l'on donne à lire et qui font entrer l'enfant dans des univers particuliers avec un vocabulaire qu'il n'entend pas tous les jours.

?
Est-ce vrai ?

On dit : « Les enfants apprennent l'orthographe de mots dont ils ne comprennent pas le sens. »

Oui. Cela arrive parfois.

Ainsi, en primaire, quand ils apprennent la liste des mots en *al* qui prennent un *s* au pluriel : *bal, cal, carnaval, cérémonial, chacal, festival, régal*, ils connaissent le sens d'un ou deux de ces mots. De même pour les mots qui changent leur terminaison *ail* en *aux* au pluriel : *bail, corail, émail, soupirail, travail, vantail, vitrail.*

Et puis il y a ce qui se dit à la maison. On peut parler d'architecture, du domaine social, de la fraise dentaire, de la fonte des glaciers, du douanier Rousseau, de la tour de Babel ou des voitures à électricité. Les parents ne bannissent pas de leur vocabulaire ce qu'ils jugent trop difficile pour l'enfant. Tout simplement, ils lui expliquent ce que veulent dire les mots, grâce à des exemples, à des métaphores. Là encore, il est question d'équilibre. On ne le sature pas avec trop de mots nouveaux.

Que se passe-t-il pour l'enfant en grande difficulté de vocabulaire ? Il est confiné dans un monde où n'entre pas l'extérieur avec toutes ses richesses. Cela peut être dû à l'indisponibilité des parents pris par leur travail, ou encore à l'impossibilité pour eux de le laisser grandir. Dans l'un ou l'autre de ces cas, on n'ouvre pas l'enfant à la curiosité, on se limite au quotidien. L'enfant tourne en rond, dans un univers de mots fermé sur lui-même.

Pour enrichir le vocabulaire de l'enfant :

- On l'incite à lire les écrits les plus variés.
- On ne le renvoie pas systématiquement au dictionnaire, ce qui le découragerait ; on lui explique le mot.
- On aborde devant lui des sujets diversifiés.

Le vocabulaire familier

Le vocabulaire s'acquiert en grande partie par la lecture. L'enfant devine le sens des mots inconnus grâce à une compréhension globale, c'est-à-dire à partir des mots familiers du texte. Il s'approprie le mot au fur et à mesure de ses rencontres dans divers contextes. Lorsqu'il lit pour la première fois le mot « illustrer », il en devine le sens. Il comprend que cela concerne les livres avec du texte et des dessins, mais il a une représentation trop vague du mot, et il se peut qu'il écrive : « Dans ce livre, il illustrait les dessins. » Puis le sens perd progressivement de son flou. Et le mot, ayant été plusieurs fois rencontré, lui devient familier et entre dans son vocabulaire actif. C'est-à-dire que l'enfant sait non seulement le comprendre mais encore s'en servir. Il écrit : « Il avait toujours beaucoup dessiné, maintenant il illustrait des livres. »

Quand l'enfant apprend une leçon :

- On est attentif aux mots qu'il emploie dans sa reformulation.
- On vérifie qu'il comprend le sens des mots abstraits.
- On approfondit le sens d'un ou deux mots plutôt que d'en survoler plusieurs.

Savoir lire et comprendre

À l'entrée au secondaire, 70 % des élèves sont à l'aise avec les textes qui leur sont donnés à lire, qu'il s'agisse de maths ou d'extraits littéraires. Ils s'enrichissent des lectures. À chaque ouvrage parcouru, ils gagnent en compétences : mots inconnus rencontrés, obstacles grammaticaux surmontés. Quant aux autres élèves, ils ne maîtrisent pas les compétences de base. S'ils se saisissent du sens d'un texte court, ils ne peuvent faire de même dès que s'y glisse quelque complexité, et pour certains même – il s'agit de 10 % des élèves –, ils ne comprennent pas des mots et des énoncés fort simples.

Or, c'est la lecture qui aiguise la compréhension. Confronté à des phrases complexes, absentes du langage oral, l'enfant enrichit sa langue et peut déployer sa pensée, tenir un raisonnement.

Lire, c'est être attentif aux indices donnant une cohérence au texte. L'enfant se saisit des rapports qui unissent des éléments de phrases entre eux (le but, la cause, la conséquence, le moyen, ou encore la similitude ou la différence). Il comprend les emboîtements (une idée incluse dans une autre), les relations temporelles (avant, après).

- On vérifie que l'enfant établit des liens logiques, qu'ils soient ou non exprimés clairement dans le texte.

> **Le saviez-vous**
> En maths, en français, il faut penser à lire toutes les questions d'un devoir avant de se lancer dans le travail. Parfois une réponse à une question précédente y est suggérée.

Lire, c'est être à l'aise avec les anaphores, ces petits mots (le, lui, en, y, lequel, celui-ci, dont…) qui remplacent un mot, une partie de phrase ou même des phrases entières, qui rappellent une idée exprimée. « Léon avait participé avec son père à de nombreuses parties de pêche. Cinquante ans plus tard, il *s'en* souvenait encore. » Très utiles pour éviter les répétitions, ces mots peuvent être des obstacles si l'enfant ne parvient pas à leur donner du sens.

- On demande à l'enfant de repérer dans une lecture les différentes façons dont sont désignés les personnages (il, lui, qui, etc.).

Lire, c'est savoir comprendre non seulement ce qui est dit explicitement, mais encore les inférences cachées dans le texte. Ce qui découle du texte mais n'est pas dit. Si l'enfant lit que « dans les phares de la voiture de Léon ont surgi deux lièvres », il peut supposer, si rien par ailleurs ne vient le contredire, que Léon se trouve à la campagne et qu'il fait nuit.

> **Le saviez-vous ?**
> Une lecture hâtive des énoncés, sans une relecture qui vienne vérifier l'exactitude de ce que l'on a compris, ne permet pas de retrouver les règles, les formules, toutes les connaissances nécessaires à faire correctement un devoir.

Question de parents

Que faire pour un enfant qui vient réclamer de l'aide en disant ne pas comprendre ?

« *Je ne comprends rien au cours sur l'électricité.* » Nahéma, 13 ans

« *Quand je ne comprends pas un exercice, mon père me dit que je n'ai qu'à lire ma leçon, alors je sais que je ne vais pas comprendre et j'écris n'importe quoi.* » Hugo, 11 ans

Que dit, comme tant d'autres, un enfant arrêté dans son travail ? « *Je ne comprends pas.* » Quand on lui demande ce qu'il ne comprend pas au juste, il ne peut que répéter : « *Rien, je ne comprends rien.* »
Ce qu'il attend en fait de ses parents est une explication qui viendra s'ajouter à celle donnée par le professeur. Il ouvre une case et attend qu'on la lui remplisse.
Le mieux sans doute est de lui demander d'expliquer ce sur quoi il bute exactement. Il doit l'exprimer en posant une question précise. Il la pose après un effort de compréhension, de réflexion. Ainsi, il a avancé jusqu'à un point de son cours ou de son problème. La réponse apportée alors par le parent fait sens car elle est attendue.

- On s'amuse avec l'enfant à exprimer clairement ce qui est sous-entendu dans le texte. Lire, c'est reconstruire enfin le texte, non dans sa linéarité mais dans sa logique.
- On est attentif aux erreurs d'interprétation, aux oublis, qui renvoient souvent à des passages non compris par l'enfant.

Pour que l'enfant devienne un bon lecteur :

- On lui donne à lire des livres contenant quelques complexités de langage.

- On parle avec lui un langage suffisamment soutenu, non édulcoré.
- On lui donne l'occasion de lire des documents variés (roman, poésie, magazine…).

Enfants en détresse linguistique

Certains enfants parcourent toute leur scolarité avec difficulté, sauvés par les matières qui demandent plus de savoir-faire que de compréhension de l'écrit, sauvés par un par cœur qu'ils maîtrisent, également par une bonne écoute. Le cours qu'ils ont suivi en classe leur permet d'être plus ou moins à l'aise avec la leçon qu'ils ont à apprendre, celle-ci ayant été prédigérée par le professeur.

Et leur problème n'a jamais été clairement identifié. Ou, quand il l'est, après plusieurs années de secondaire, il est alors bien tard pour familiariser les élèves avec la langue écrite.

Mais comment se fait-il que l'on ne se soit pas aperçu plus tôt de leur empêchement à lire ?

Au primaire, les questions posées aux enfants après une lecture précisent leur degré d'attention à un texte simple et vérifient qu'ils se sont saisis de certains éléments : « Comment s'appelle l'oncle de Rémi ? Pourquoi Rémi prend-il le train ? » Mais elles ne permettent jamais de savoir s'ils sont passés par une compréhension fine du texte.

> **Le saviez-vous ?**
> Les élèves ont pour la plupart peur de se tromper. Ils se questionnent davantage sur « Est-ce que j'ai la bonne réponse ? » que sur ce qu'ils pourraient dire ou exprimer. Ils n'osent pas prendre la parole pour élaborer leur réflexion.

Parfois encore on leur demande de choisir entre trois titres – excellent test pour voir s'ils se sont saisis du sens général – mais là, ils ont une chance sur trois de tomber juste ; et s'ils se trompent mais ont répondu correctement aux autres questions, leur évaluation de lecture est bonne. Ils n'ont pas vraiment compris le texte mais la note qui valide leurs réponses dit le contraire.

Quand on lit avec un enfant :

- On évoque la situation, les personnages : de qui, de quoi parle-t-on ?
- On s'intéresse autant au déroulement de l'histoire (parce que, donc, après quoi…) qu'aux images.
- On résume en quelques mots ce qu'on a lu.

Réfléchir s'enseigne

Aussi étonnant que cela puisse paraître, réfléchir s'enseigne. Cela s'enseigne par l'exemple. Lorsqu'on explique à un enfant comment résoudre un problème, on peut lui dérouler la résolution, du début à la fin, de façon claire pour qu'il comprenne. Il saura comment résoudre ce problème et d'autres de ce type, il n'aura pas appris à réfléchir. Pour le lui apprendre, on « se met en scène », on réfléchit à voix haute, et l'on montre ainsi comment on y parvient : tâtonnements, allers et retours entre ce qui est donné dans l'énoncé et les acquis, hésitations, éliminations de fausses pistes en expliquant pourquoi. Si on réfléchit à voix haute, on permet à l'enfant de refaire la même démarche de réflexion, d'en refaire d'autres. On lui donne des modèles de pensée.

On fait de même pour traduire en français un texte anglais, allemand ou encore latin : on indique à quels mots on s'arrête, à quels indicateurs grammaticaux, et pourquoi. On « réfléchit » à voix haute, revenant sur une erreur que l'on aurait pu commettre, on donne la raison pour laquelle on choisit de traduire une expression de telle façon et non d'une autre. On ne lui offre pas des traductions toutes faites, on lui montre comment on parvient au sens.

Quand on travaille avec l'enfant :

- On préfère des exercices qui demandent de la réflexion à de simples exercices d'application.
- On réfléchit toujours à voix haute.
- On préfère à une réponse toute faite plusieurs cheminements, même si aucun n'aboutit.

Donner de l'importance au « si »

On peut amener un enfant à la réflexion en l'incitant à ajouter un « si », quand cela est possible, à son « oui » ou « non ». Le « oui/non » appartient à une pensée très restrictive qui ne laisse pas de place à l'imagination ni à la réflexion. Quand un enfant répond « oui » à une question, il arrête là sa pensée. De même s'il dit « non ».

Par contre s'il ajoute un « si », il ouvre une troisième voie qui est celle de l'imagination et de la réflexion. Ainsi, quand on lui demande s'il a aimé un film, on ne reste pas sur une simple affirmation, on le laisse s'expliquer. Il a ses raisons qu'il argumente : « J'aurais aimé si, j'aurais moins aimé si… » Il se lance ainsi dans une pensée personnelle, celle de la réflexion où tout est permis tant qu'elle reste dans la logique, ou celle de l'imagination, là il ouvre sa pensée à des possibles[2].

De même si, au lieu de dire « J'ai eu un 12 en grammaire », il ajoute « J'aurais eu une meilleure note si », il est dans l'analyse de son devoir, il est dans la réflexion.

---

2 Voir E de Bono. « Réfléchir vite et bien ». Eyrolles 2006.

Si à « Oui j'ai compris ce problème », il ajoute « cela aurait été plus difficile si » ou « j'aurais compris plus vite si j'avais pensé à », il ouvre la voie à tout un cheminement de réflexion.

Quand on dialogue avec l'enfant :

- On l'incite à ne pas clore trop rapidement une idée.
- On apporte des nuances à ses propos pour le faire réfléchir avec finesse.
- On le questionne : « Pourquoi crois-tu… ? »

L'importance de la parole

Le langage s'apprend en grande partie à la maison. La réflexion s'initie elle aussi au sein de la famille. Il y a au cours de l'année scolaire des moments où le travail se fait moins lourd. Ils pourraient être un temps de questionnement et de réflexion avec l'enfant sur le champ scolaire. On l'aide à se sentir concerné. On ne peut pas lui demander de participer de façon active à des apprentissages sur lesquels il n'a aucune prise. Comment combiner liberté et rigueur ? Quelles sont les conditions d'un succès ? Comment se servir d'un échec ? Comment naviguer entre le savoir-apprendre, le savoir-faire et le savoir-être ? Il s'agit de développer chez l'enfant le sens critique, l'implication tout autant que la distance personnelle.

Il y a souvent de grandes richesses dans ses prises de position, ses appréciations, voire ses erreurs d'appréciation qui peuvent déconcerter. Plutôt que d'apporter la parole « juste », le rôle de l'adulte est d'aider l'enfant à préciser sa pensée, à l'enrichir, avant que de lui livrer la sienne. L'adulte ne doit pas réfléchir à la place de l'enfant, ce qui serait le meilleur moyen de l'en empêcher. Il doit être présent pour l'aider à construire sa pensée.

On plonge l'enfant dans un **bain de langage** et on le sollicite intellectuellement dans les conversations en lui prouvant que ce qu'il dit a de la valeur. On s'intéresse à la façon dont il construit sa réflexion. On évite les questions fermées qui renvoient à des réponses déjà là. On aborde des sujets divers, culturels, sociaux, politiques, également des sujets qui concernent plus directement l'enfant et lui donnent l'envie et l'occasion de s'exprimer, d'argumenter. On lui apprend à regarder, à écouter, à penser par lui-même, l'aidant ainsi à construire son intelligence, à quitter sa coquille, à s'ouvrir au monde.

Psycho

Le temps du dialogue

Parler avec son enfant, communiquer avec lui, c'est d'abord l'écouter. On s'ouvre à son point de vue, on prend le temps de le comprendre. On abonde dans son sens, on souligne les aspects positifs dans ce qu'il exprime. On apporte des nuances, on relativise avec respect son point de vue, on aborde la question sous un autre angle.

On ne dit pas qu'il a tort, on lui demande d'expliquer sa pensée, d'argumenter. Dire à l'enfant qu'il se trompe sans prendre le temps de vraiment l'écouter est souvent ressenti par lui comme une marque de désintérêt, voire de mésestime, alors que le pousser à argumenter l'aide à se forger des idées personnelles, l'amène à la réflexion.

Quand on parle avec l'enfant :

- On justifie toujours ses opinions.
- On l'incite à justifier les siennes.
- On les accepte sans les juger.

Les règles d'or

- Faire des schémas, des résumés, pour ordonner les idées
- Donner du sens à ce que l'on apprend par cœur
- Comprendre l'abstrait grâce à la métaphore, aux analogies, aux exemples
- Automatiser des savoirs et des savoir-faire pour faciliter la réflexion
- Se poser des questions quand on apprend quelque chose de nouveau
- Lire pour acquérir du vocabulaire
- S'intéresser à des sujets variés, en discuter
- Préciser sa pensée, justifier ses idées
- Donner autant d'importance aux questions qu'aux réponses
- Laisser vivre les idées pour ouvrir la réflexion

7

Les stratégies pour un travail réussi

De l'organisation personnelle à l'autonomie

Pour de nombreux parents, il semble évident que réussir à apprendre dépend beaucoup de la volonté. Les bons élèves le seraient parce que, motivés, ils feraient des efforts ; les élèves en échec, parce qu'ils seraient paresseux ou du moins ne fourniraient pas les efforts nécessaires. Il suffirait donc d'apprendre, de répéter les leçons, de faire tous les exercices donnés par les enseignants pour connaître une scolarité sans problème.

Les élèves qui réussissent ne savent pas toujours expliquer pourquoi ils travaillent plus vite que leurs camarades, pourquoi ils travaillent mieux. Ils s'organisent, utilisent des stratégies, gèrent le temps, toutes choses dont ils ne sont pas forcément conscients. Ils savent travailler.

Sans doute est-ce intuitif, ou encore mettent-ils en pratique un conseil donné en classe ou à la maison, que les autres occultent car leurs pensées sont alors prises par d'autres tâches ou parce qu'ils pressentent qu'il leur faudra changer d'habitude, faire preuve de davantage de rigueur, de discipline. Si on leur dit que tout deviendrait plus facile, ils n'y croient pas vraiment.

Il y a en premier lieu ces habitudes de vie que, dès la première année d'école, ils ont dû changer : heures de lever et de coucher auxquelles ils ne peuvent plus déroger. Voilà pour eux la première contrainte dont ils ne comprennent pas vraiment l'intérêt. Alors pourquoi se plieraient-ils à d'autres habitudes qu'ils pensent toutes aussi frustrantes ? Stratégies, méthodes de travail : ils n'imaginent pas l'importance de ce savoir-faire nécessaire à un bon apprentissage.

Le saviez-vous ?
Dix minutes par jour de transport équivalent à dix minutes de temps mort. On en arrive à cinquante minutes par semaine. Voire une heure.
Voilà du temps qui permettrait d'apprendre une poésie, les tables de multiplication, de réviser son vocabulaire d'anglais.
Il ne s'agit pas de travailler plus, mais autrement. On utilise intelligemment le temps. On le recadre.

Conditions matérielles pour un bon travail à la maison

Où l'enfant doit-il travailler ? Sur la table de la salle à manger ou celle de la cuisine ? Ou, mieux, dans sa chambre ? Mais comment faire quand l'appartement est petit et que les enfants partagent une seule chambre ? Le problème ne se pose pas vraiment en termes de lieu précis. Les enfants ont des préférences qu'il est bon de respecter tant qu'elles leur sont favorables. Certains préfèrent étudier dans la cuisine, tandis que leur mère vaque à ses occupations, d'autres aiment se réunir en fratrie autour de la table de la salle à manger, les plus grands intervenant parfois pour aider un petit. D'autres encore, adolescents pour la plupart, s'enferment dans leur chambre. Parfois cet isolement est productif: ils se concentrent dans le silence et font leurs devoirs, ouvrant la porte quand ils ont besoin d'un renseignement ou d'un conseil, pour mener leur travail à bien. Mais l'isolement n'est pas synonyme de travail. On peut les croire en plein labeur, surtout si, entrant dans leur chambre, on les aperçoit assis, livres et cahiers ouverts. Leur allure studieuse ne veut rien dire, il se peut aussi bien qu'ils rêvent et que l'heure passée à leur table ne corresponde en fait qu'à quelques minutes d'apprentissage.

Pas de lieu précis, donc, mais des conditions favorables:
Un espace visuel.
La table de travail, quelle qu'elle soit, est vide d'objets qui pourraient inciter à la distraction.
Le silence.
L'enfant travaille dans le silence qui permet la concentration. Il est déraisonnable d'étudier avec en bruit de fond la télé, la radio ou encore des chansons. Il y a des enfants pour dire qu'ils ne peuvent travailler qu'en écoutant leur chanteur ou leur groupe favoris. Rien de plus faux. Ils ont tout simplement une très mauvaise habitude. Ils ne peuvent se concentrer, et ce n'est pas la musique alors qui les perturbe mais les paroles. Les paroles d'une chanson, d'une émission télé gênent l'apprentissage car elles interfèrent avec le sens si le travail passe par la compréhension; ou elles interfèrent avec les mots s'il s'agit de par cœur.
Une bonne source lumineuse.
Placée de préférence à gauche de l'enfant – ou de l'autre côté pour un gaucher – de façon à ne pas créer de zones d'ombre. Elle doit éclairer suffisamment le plan de travail pour éviter la fatigue visuelle.

?

Est-ce vrai ?

On dit : travailler vite signifie travailler bien

Non. Si l'enfant bâcle son travail pour le terminer au plus tôt.

Oui. La motivation vient avec le sentiment d'être productif et efficace.

Des outils à portée de main

Ou du moins regroupés sur une étagère afin que l'enfant puisse les trouver dès qu'il en a besoin. Dictionnaires, atlas, grammaire.

Secrets de premiers de la classe :

- « Dès que je rentre chez moi, j'éteins mon portable et je le laisse à l'entrée pour ne pas être tenté d'appeler un copain. Je le récupère une fois mon travail terminé. »
- « Ma chambre est couverte d'affiches. Mais en face de mon bureau, le mur est vide. Comme ça, je ne suis pas distrait quand je fais mes devoirs. »

S'organiser

L'adolescent adopte les bons réflexes d'organisation pour réussir sans trop peiner, car les exigences au secondaire sont fortes et la charge de travail, importante. De plus, avoir plusieurs professeurs contraint l'adolescent, jouissant d'une grande autonomie, à la gérer intelligemment.S'organiser, c'est réunir plusieurs éléments : le temps, les matières étudiées, les objectifs.

Gérer le temps

Organiser le temps entre travail et autres activités

Le jeune éprouve des difficultés à gérer les besoins de l'élève et ceux de l'adolescent qu'il est. Rentré chez lui, après les heures passées en classe, il se met au travail, poussé par l'urgence du lendemain. Il étudie au gré de son humeur, de sa fatigue, des appels des copains, de ses envies diverses qui l'entraînent ailleurs, au gré aussi de son désir de réussir ses devoirs.

Psycho

Les rituels

Les parents instaurent plus facilement les rituels de travail quand ont été établis d'autres rituels auxquels tient l'enfant, comme la lecture le soir et le goûter/dîner du dimanche. Ils l'instaurent d'autant mieux que l'enfant est jeune. Il est à un âge où l'on veut faire plaisir et, si le rituel n'est pas trop contraignant, il s'y plie et l'habitude est prise. Malheureusement, ce qui arrive parfois est que les parents s'y résolvent quand l'enfant est en échec, ce qui est le pire moment, l'enfant ayant alors du mal à se motiver.

Il est pourtant impérieux de découper le temps avec pertinence : travail scolaire, occupations artistiques, activités sportives, pauses, loisirs et enfin sommeil. Poussés par le sentiment que, hors vacances, on doit se consacrer à son travail et seulement à cela, de bons élèves ont l'impression de voler chaque moment de liberté qu'ils prennent. Alors que ces moments sont fondamentaux pour leur équilibre. D'autres ont l'impression de n'avoir jamais un moment à eux : ils vivent un temps sans frontière où travail et moments creux se mêlent. La fatigue est alors d'avoir la tête prise par le travail : non celui effectué mais celui que l'on doit faire et que l'on repousse. Alors ces temps de non-travail sont des instants où, contraints et culpabilisés tout à la fois, ils ne se sentent pas libres. Ils ne sont pas en repos, pas en plaisir. C'est un temps vicié.

Du moment que le temps de travail a été clairement délimité, et qu'ils s'y tiennent, le sentiment qu'ils en ont s'approche au plus près de ce qu'il doit être.

Secrets de premiers de la classe :

- « Je ne travaille jamais avant de me coucher. Je garde la dernière heure pour lire ou écouter de la musique. »
- « Je me couche tous les jours à la même heure. Sauf pendant les vacances. »

Organiser le temps consacré au travail

Pour avoir plus de facilité à se mettre au travail, l'enfant a décidé d'une heure et il s'y tient car, plus il attend, plus la mise en route est pénible. C'est toujours un moment critique où l'on a tendance à gaspiller le temps, ce qui contraint ensuite à empiéter sur les activités suivantes pour rattraper ce temps perdu.

Il faut se connaître si l'on veut bien gérer le temps. L'enfant observe ses habitudes, s'interroge. Passe-t-il beaucoup de temps à chercher ses brouillons, sa calculette ? Repousse-t-il toujours au lendemain le travail où il est en difficulté ? Finit-il ses devoirs dans les temps ? A-t-il l'habitude de faire une seule chose à la fois ou se disperse-t-il ? Sait-il utiliser les temps morts, ces petits moments vides d'activité et qui ne sont pas non plus des moments de plaisir ou de réelle détente ?

Secrets de premiers de la classe :

- « Je finis toujours mon travail avant de me brancher sur Internet. »
- « Une heure pour mes devoirs, une heure de guitare, puis de nouveau un peu de travail les jours de révision. »

Gérer le temps à l'intérieur d'un travail

Pour ce faire, l'enfant se sert de sa montre ou d'un réveil posé sur la table. Le temps est élastique. Plus on dispose de temps pour accomplir une tâche, plus on en prend. Mais cela ne veut pas dire que le travail soit meilleur. On traîne. Or on peut travailler vite et bien. D'où l'intérêt de respecter les limites que l'on s'est fixées. On borne raisonnablement sa séance et, pour travailler vite et bien, on se concentre.

Psycho

Il n'y arrive pas

Si l'enfant ne parvient pas à se tenir à son emploi du temps, on n'a pas de jugement de valeur du type « Tu es nul »; on ne dit pas non plus « Fais ceci », mais plutôt: « As-tu essayé cela ? »

Puis on l'aide les premiers temps et à chaque fois qu'il flanche. Il est plus facile de se remettre sur des rails quand on est en train de les quitter que si l'on en est sorti.

On encourage l'enfant à respecter tant ses plages de travail que les moments d'activités artistiques ou physiques, sans oublier ses moments de liberté. On montre son intérêt quand il y est parvenu harmonieusement.

L'enfant s'installe à sa table et déjà à ce moment-là, il fait le silence en lui, il se prépare au travail, comme un athlète, puis il se lance sans traîner, sans se laisser décourager par la difficulté de l'exercice, la longueur de la leçon.

Secrets de premiers de la classe :

- « Quand je fais un devoir, je demande au prof en combien de temps je dois le faire. »

- « Quand mon devoir est long, je le fais en une seule fois, mais je prends des pauses de quelques minutes. »

Organiser le temps en fonction du travail demandé

Peu d'élèves savent anticiper en entrant au secondaire. C'est souvent au dernier moment qu'ils font un devoir ou apprennent une leçon. Or leur emploi du temps est rarement équilibré et des journées concentrent les matières exigeant le plus de travail en amont. Il arrive aussi qu'ils aient à préparer plusieurs contrôles dans la même semaine. Si le travail leur a été donné quinze jours auparavant, on les dirait pris la veille par surprise. Et leur résultat s'en ressent.

Question de parents

De quelle aide peuvent être les parents en ce qui concerne l'emploi du temps d'un adolescent ?

Il s'agit pour les parents d'être une aide et non d'établir l'emploi du temps de leur adolescent. En effet, celui-ci s'y tiendra d'autant plus volontiers qu'il aura l'impression d'en avoir décidé lui-même. Cependant, il n'est pas évident pour lui d'avoir une bonne vision des exigences du travail, de ses capacités, de ses besoins.

Les parents analysent l'emploi du temps donné par les enseignants et les desiderata de leur adolescent, repèrent les grandes plages libres et les encombrements, les éventuels déséquilibres, et font émerger des principes de base, qui seront utiles à leur enfant pour établir un emploi du temps raisonnable.

Anticiper son travail, le planifier. Ainsi on évite la procrastination, cette habitude à repousser toujours au lendemain ce que l'on a à faire, ce qui a pour résultat un travail bâclé. On étudie avec plus d'efficacité et moins de stress quand on anticipe.

L'enfant s'organise pour faire le travail donné à l'avance. Il tient à jour son agenda scolaire, qu'il consulte régulièrement. Sa tenue doit être lisible, précise et complète. À le lire, il décide de ce qui est urgent, important, et de ce qui l'est moins. Il établit des priorités et tâche de répartir son travail sur la semaine. Il marque sur l'emploi du temps l'usage des heures entre deux cours (lecture, révisions…). Il détermine les grandes échéances.

Secrets de premiers de la classe :

- « Mes devoirs, je les fais à l'avance chaque fois que je peux, comme ça, je suis sûr de ne pas travailler le dimanche ou le soir de ma série télé ou de mes rendez-vous sur le Net. »
- « Je répartis mes devoirs et mes leçons de la semaine. Je ne travaille jamais après le dîner et jamais le dimanche. »

Organiser le temps en fonction de ses objectifs

L'enfant se fixe des objectifs selon les disciplines. Cela lui permet d'adapter son travail, de le doser, de savoir où concentrer son énergie.

Il y a des objectifs à court terme, comme réussir un contrôle, ou comprendre une règle de grammaire, un théorème mal maîtrisé ; des objectifs à moyen terme : progresser dans une discipline ; des objectifs à long terme : passer de classe ou en terminer avec ses difficultés dans une matière.

Les objectifs sont revus régulièrement en fonction des résultats.

Pour planifier son temps en fonction d'objectifs personnels, il y a obligation pour l'enfant de prendre en compte les facilités qu'il a dans chaque matière, ses difficultés, ses lacunes. Le temps est non seulement fonction du travail demandé mais de son niveau, de ses facilités ou non à apprendre dans cette matière, de ses acquis.

Le saviez-vous ?

Le zapping est devenu une façon de fonctionner. Les enfants ne zappent pas seulement en regardant la télé, ils zappent sur Internet, ils zappent d'une activité à une autre. Ils zappent aussi en cours. C'est en tout cas le constat de maints enseignants, qui se plaignent que leurs élèves trouvant de l'intérêt à un sujet pendant un très court moment, il leur faut passer à un autre thème s'ils veulent réveiller leur attention. Difficile d'entrer à fond dans un travail si l'on s'éparpille. Alors, faire en sorte que l'enfant termine toujours ce qu'il a commencé. Et qu'il ne passe pas d'une activité à une autre pour revenir à la première.

Dresser un bilan dans chaque discipline

Il s'agit pour l'enfant de faire un bilan dans chaque discipline, grâce à quoi il peut ensuite développer des conduites réfléchies, sachant où doivent porter ses efforts, quelles habitudes changer ou encore conserver, quelles techniques améliorer.

On l'aide à s'observer en train de travailler dans les matières où il est performant et dans celles où il ne l'est pas. Quels types d'exercices le bloquent ? Son attention est-elle suffisante pendant une tâche ? Comment lit-il un énoncé ? Le reformule-t-il avec ses mots ? Comment apprend-il ? En une seule fois ou en plusieurs ? Passe-t-il par le par cœur ou la compréhension ? Analyse-t-il ses erreurs ? Imagine-t-il les questions qui pourront être posées ? Les résultats sont-ils à la hauteur du temps passé à étudier ?

Définir des objectifs réalistes

En fonction des notes et des résultats, l'enfant définit ses objectifs. Tenir sa moyenne en dictée, monter sa note d'un point en histoire, améliorer son expression écrite, ses connaissances en espagnol. Bien entendu, il faut se donner les moyens d'atteindre ses objectifs. Et l'enfant se demande ce qu'il peut faire concrètement pour maintenir son niveau ou encore progresser.

Le saviez-vous ?
Plus on a de difficulté dans une matière, plus on doit participer en cours.

Il peut s'agir de relire le cours avant de faire les exercices, de changer de place en classe pour être plus attentif, de revoir cinq minutes tous les soirs ses tables de multiplication ou les propriétés des figures géométriques.

Il ne suffit pas de le décider, encore faut-il s'y tenir plus de quinze jours. Aussi l'enfant prend-il des décisions raisonnables. Travailler en fonction d'objectifs, c'est être réaliste sous peine de craquer si l'on y passe trop d'heures ou de se décourager si l'on a visé trop haut et qu'on n'atteint pas son but.

Secrets de premiers de la classe :

- « Depuis que je me suis fixé des objectifs, je travaille en fonction de ces buts, je me sens responsable et je travaille mieux. »
- « Mon but est de bien comprendre la langue quand j'irai chez mon correspondant allemand, alors chaque jour j'apprends vingt minutes de vocabulaire. »

Faire des plannings

Faire des plannings demande un peu d'entraînement. Des erreurs d'appréciation sont fréquentes au début, mais on parvient assez vite à les maîtriser.

Chaque week-end, l'enfant établit l'horaire des activités de la semaine à venir. Cela lui permet de répartir harmonieusement le travail, d'établir les priorités de chaque jour.

Psycho

Les uns et les autres

Dans les familles à grande fratrie, il est difficile pour les parents de gérer leur emploi du temps et ceux des enfants, de faire en sorte qu'ils s'intègrent les uns dans les autres sans provoquer de tensions. Comment éviter que l'apprenti pianiste ne se mette à faire des gammes alors que sa sœur fait des exercices de maths et que le père, pour se détendre, ne se lance dans un bricolage bruyant ? Une réunion devrait permettre d'établir un emploi du temps familial. On y note les choses incontournables, on négocie le reste. On l'accroche de façon lisible à la cuisine ou ailleurs, là où tous peuvent s'y référer facilement. On évoque les problèmes pour fixer de nouveaux arrangements.

De même, grâce aux prévisions à long terme, il a une vue d'ensemble du trimestre, avec ses moments forts et le temps des vacances.

Il est bon de ne pas attendre d'avoir des difficultés ou d'être débordé. Le mieux est de commencer au début de l'année. Et, l'habitude aidant, un planning se fait en quelques minutes et on ne peut plus s'en passer.

Question de parents

Comment aider un enfant allergique aux habitudes ?

« Tous les jours, je me lève à 7 h, je me couche à 10 h, et au collège, j'ai maths tous les lundis à 8 h et j'ai anglais tous les vendredis à 11 h. Alors à la maison, je ne peux pas travailler toujours aux mêmes heures. » Romain, 12 ans

« Pour que mes parents me laissent la paix, je fais un emploi du temps bien grand. Je le remplis. Il n'y a pas une place vide. Mais je ne le regarde pas. » Julie, 13 ans

Les enfants se plaignent d'avoir à se plier à ce qu'ils ressentent comme des contraintes, et les adolescents plus que les autres. Aussi on évite de leur imposer des habitudes au prétexte qu'elles seraient les meilleures pour eux.

On les aide à décider de leur programme de travail, de leur emploi du temps (travail, film, sortie, activités extrascolaires) et l'on montre de la souplesse pour ce qui concerne leur quotidien dans la maison, dont la tenue de leur chambre par exemple.

S'ils ne comprennent pas à l'entrée au secondaire que certaines habitudes n'ont des contraintes que l'apparence, alors on donne du joyeux à certains rituels familiaux, comme les repas ; on y glisse des innovations, montrant par là qu'il existe des respirations possibles, que l'on peut colorer différemment toute situation.

Un bon programme doit rester souple pour intégrer les imprévus : une invitation, une angine, et les moments de paresse méritée où l'on décide de ne rien faire du tout.

Une chose d'importance à ne pas oublier est de se faire plaisir, de se récompenser. Une part de gâteau au chocolat une fois le devoir de maths terminé, une séance de cinéma avec les copains pour savoir enfin maîtriser le temps des verbes en anglais, un dimanche au fond du lit avec des bandes dessinées pour avoir progressé d'un point en physique.

Secrets de premiers de la classe :

- « Je me suis fait un emploi du temps et je l'ai scotché sur le mur au-dessus de ma table. C'est plus facile pour tenir mes résolutions. »
- « J'ai un planning que je colore : en rouge, les moments fixes que je ne peux pas changer ; en bleu, ceux qui servent aux imprévus ; en blanc, mes heures de liberté. »

Utiliser les bonnes méthodes

L'école apporte des savoirs, enseigne quelques savoir-faire. Quant aux méthodes, l'élève est souvent laissé à ses propres tâtonnements, ou il en a des aperçus insuffisants pour pouvoir vraiment les utiliser. Et pourtant ces méthodes n'ont rien de sorcier et sont essentielles pour qui veut travailler « vite et bien ».

Les erreurs, outils de travail

Pourquoi les enfants recommencent-ils toujours les mêmes fautes : il y a celui qui, en anglais, oublie le *s* à la troisième personne du singulier ; l'autre qui, après trois ans de rabâchage, ne sait toujours pas accorder le participe passé ; un troisième qui, en grammaire, flotte dans l'indécis et amalgame nature et fonction ; sans parler de celui qui se trompe systématiquement dans la lecture des énoncés.

On confond généralement la faute et l'erreur. Or l'erreur n'est pas une faute si on la considère comme un moyen d'apprendre.

L'erreur sert à progresser. Il n'est qu'à l'analyser pour en comprendre la cause, à partir de quoi on peut la corriger et avancer ainsi dans la connaissance.

Sans acceptation de l'erreur, il n'y a pas de possibilité d'apprentissage, de création, d'innovation, d'invention. Pas de réflexion possible. Nulle avancée, dans aucune direction.

L'erreur est essentielle à l'apprentissage. Il faut pourtant se montrer prudent : l'enfant qui apprend se sent souvent dévalorisé quand on se penche sur ses erreurs ou qu'on lui demande de le faire. **D'où la nécessité de dédramatiser l'erreur, de la dépénaliser.** Une fois qu'il a compris qu'elle fait partie intégrante de l'apprentissage, il lui donne le rôle positif qui est le sien.

On attribue un sens différent à la faute et à l'erreur.

De l'importance des corrections personnelles

Là, il s'agit des corrections de l'enfant chez lui et pas seulement de celles avec l'enseignant. En effet, 80 % des corrections faites en classe ne sont pas mémorisées, soit que l'élève ne comprenne pas, ou qu'il soit inattentif, soit encore qu'il ne fasse pas le lien entre la correction et son erreur.

L'enfant examine les devoirs qui lui sont rendus, analysant les erreurs mais s'arrêtant aussi aux points difficiles qu'il a surmontés. Ce regard sur ses réussites est utile pour mesurer l'efficacité du travail et évaluer les progrès.

> **Le saviez-vous ?**
> Poser des questions en classe aide à rester attentif, à ne pas se laisser aller à la rêverie. De plus, en la posant, l'esprit est déjà au travail, il se prépare à comprendre, à mémoriser. Il est prêt.

Secrets de premiers de la classe :

- « À la maison, je reprends les contrôles rendus par le prof et je repère mes erreurs pour ne plus les refaire. »
- « Je demande aux profs de m'expliquer les commentaires de mes devoirs quand je ne les comprends pas. »

Cause des erreurs

Aussi diverses que paraissent les erreurs, elles sont en fait au nombre de trois :

- **Erreurs dues à un problème de mémorisation**

Souvent pour ne pas être passé par la compréhension, l'enfant n'a pas mémorisé la leçon ou l'a mal mémorisée. Ou il ne l'a pas comprise : il en a un vrai souvenir, mais erroné. Ou encore il a bâclé son apprentissage en survolant le cours.

- **Erreurs dues à une absence de savoir-faire**

L'enfant a mémorisé le savoir mais ignore comment l'appliquer. Dans ce type d'erreurs, il ignore quand et comment utiliser la connaissance. Il ne sait pas appliquer une règle, un théorème, et se débrouille comme il peut : il ne les met pas en pratique ou les utilise à mauvais escient.

- **Erreurs dues à un défaut d'automatisation**

L'enfant a mis en mémoire le savoir, sait l'appliquer, et cependant il échoue, car d'autres tâches viennent compliquer son travail.

Il est facile de mener dans le même temps deux activités automatiques. Ainsi, un enfant peut, tout en écrivant, accorder un verbe et un sujet (« Les garçons chassent les papillons »). Mais si l'accord est complexe (« Les garçons ont chassé les papillons ») et que l'enfant n'a pas automatisé la règle d'accord du participe passé, il se peut qu'il échoue à écrire sans se tromper. En effet, il est difficile de traiter simultanément plusieurs activités nécessitant un contrôle conscient, comme accorder un verbe (mettre ou non un *s* au participe passé dans « Les garçons ont chassé les papillons ») tout en maintenant en mémoire les mots dictés par le professeur (« Cet été-là, les garçons ont chassé les papillons, des petits jaunes et bleus, et des grands dont ils n'ont capturé qu'un seul spécimen »).

S'attaquer aux erreurs

Les trois types d'erreurs amènent bien entendu pour l'enfant des façons d'agir différentes.

Travail sur la connaissance quand la mémorisation est en cause : « Qu'est-ce que je croyais savoir à ce sujet ? Qu'est-ce que je sais maintenant ? », se demande l'enfant.

Entraînement au savoir-faire pour celui qui connaît la règle mais ne sait pas l'appliquer : « Quand et comment vais-je avoir à l'utiliser ? », se dit-il.

Quant aux erreurs dues à l'incapacité à faire trop de tâches en même temps, pour les limiter, il faut lui apprendre à gérer des activités complexes, l'entrainer à passer en automatisme tout ce qui peut l'être. Ainsi, il doit savoir écrire correctement un participe passé sans s'y attarder pour libérer son esprit en train de plancher sur un devoir de français ou de géographie.

Secrets de premiers de la classe :

- « Je déteste faire les mêmes fautes, alors je les corrige. Et quand je ne les fais plus, je suis content. »
- « Je fais une liste des erreurs que je ne dois pas refaire. Comme ça, je ne les oublie pas. J'y pense aux devoirs suivants. »

Automatiser pour libérer son esprit

Au-delà des connaissances, ce qui différencie les élèves est que certains ont automatisé un savoir-faire et les autres non. Celui qui est performant a transformé des savoirs en réflexes libérant son esprit. Il peut ainsi s'adonner plus librement à des tâches complexes.

Pourquoi tant d'élèves ont-ils du mal à écrire sans fautes d'orthographe ? C'est qu'ils ne savent pas **appliquer de façon automatique** les règles de grammaire et doivent s'arrêter pour y réfléchir. Si, dans le texte, les règles sont nombreuses, leur esprit débordé ne peut travailler correctement.

Libérer son espace mental grâce à des réflexes, c'est récupérer de l'énergie, travailler mieux et de façon moins fatigante.

Un élève performant fait multiplications et divisions sans avoir à réfléchir, libérant son esprit pour se concentrer sur son problème de maths. Un élève performant construit une phrase négative en anglais sans s'interroger, pas plus qu'il ne s'interroge sur la place du verbe en allemand.

Automatiser un savoir, c'est pouvoir l'utiliser sans avoir conscience d'appliquer une règle (règle de grammaire dans une dictée), sans avoir à la chercher dans sa mémoire (tables de multiplication pour faire une division).

S'il veut acquérir des automatismes, l'enfant ne peut se contenter d'apprendre, il doit utiliser souvent ce qu'il vient d'apprendre. Ainsi, pour automatiser les tables de multiplication, il ne se contente pas de les réciter, il fait des multiplications et des divisions.

Secrets de premiers de la classe :

- « J'ai appris les tables de multiplication à l'endroit, à l'envers et dans le désordre. Je ne cherche jamais les réponses dans ma tête. »
- « En anglais, quand j'apprends une règle, je me fais plein d'exemples jusqu'à ce que je n'y pense plus. »

La vérification efficace

Combien d'élèves se lancent dans un exercice sans avoir vérifié qu'ils ont bien lu son énoncé ! Puis on les voit le nez en l'air après qu'ils ont écrit une phrase sans penser à la relire. Ils sont contents d'avoir compris un devoir et ferment leur cahier sans vérifier qu'ils n'ont pas fait d'erreurs de calcul ou de fautes d'orthographe. Ils terminent un problème sans s'interroger sur la logique de leur réponse. Et ce sont pour la plupart de bons élèves. Alors, quand on examine leurs copies et qu'on y relève des fautes absurdes, ils évoquent des fautes d'inattention. Et pour eux, une faute d'inattention, ce n'est pas très important.

> **Astuce**
> Plutôt que de donner des solutions immédiates à l'enfant, on reformule ce qu'il a dit afin qu'il y voie plus clair.

La vérification est un acte que les élèves ne font pas spontanément, et pourtant elle a son importance tout au long du travail. Combien d'erreurs sont corrigées grâce à une relecture attentive du devoir ; que de hors sujets, de digressions sont évités, quand on pense, en écrivant, à vérifier que l'on répond bien à la question !

Combien de devoirs seraient réussis grâce à une seconde lecture des énoncés ! Près de 50 % des échecs (erreurs, contresens, incompréhension, trous noirs) sont dus à la précipitation, à une lecture trop rapide de ce qui est demandé.

Autre vérification incontournable : celle que l'on effectue en fonction des erreurs relevées dans les devoirs précédents et dont les corrections ont été mises en mémoire. L'enfant sait en commençant son devoir ce à quoi il doit prêter une attention particulière.

Vérification des devoirs, mais également des leçons. L'enfant vérifie s'il a bien assimilé ce qu'il vient d'apprendre : « Qu'ai-je retenu d'important ? », se demande-t-il. « Quels sont les théorèmes, les définitions ? »

Secrets de premiers de la classe :

- « Je travaille les énoncés comme s'ils avaient des secrets à me dire. »
- « Je vérifie que je n'ai pas fait de fautes d'orthographe, même dans mes copies de maths. »

Travail à voix haute

Le saviez-vous ?
Les petits à qui l'on demande de prononcer les mots de la dictée font beaucoup moins de fautes d'orthographe que ceux qui écrivent sans remuer les lèvres.

Travailler à voix haute est une méthode nécessaire à certaines tâches. Travailler à voix haute signifie essentiellement, pour l'enfant, écouter ce qu'il dit.

Certains apprentissages en sont facilités : tables de multiplication qu'il ânonne, récitations qu'il déclame, cela il le fait d'instinct. Il y a les mots nouveaux qu'il doit prononcer et écouter afin qu'ils s'inscrivent parfaitement dans la mémoire, et le vocabulaire des langues étrangères qu'il est déraisonnable d'apprendre silencieusement.

Mais il y a également les leçons, ainsi l'histoire et la géographie. Le fait de s'entendre apporte un supplément à la mémoire. Une autre raison est que **l'enfant qui apprend à voix haute a moins tendance à traîner, à rêvasser**. La voix donne de l'allant à l'esprit.

Apprentissage des leçons, mais également travail écrit : exercices sur les nombres, travaux de grammaire, rédaction. Le problème dans ce genre de travail est que l'enfant ne vérifie pas en s'écoutant que ce qu'il écrit sonne juste. Ainsi il peut écrire « Hier, nous regardîmes voler les mouettes au-dessus du bateau » sans que cela le gêne. Mais qu'on lui demande de lire à voix haute et de s'écouter, et il se rend compte aussitôt de son erreur et parfois la corrige de lui-même. Pareillement, il suffit de lui suggérer de travailler à voix haute pour qu'il sache transcrire correctement des nombres de chiffres en lettres, ou l'opération inverse. Écrire 9 005 564 en lettres ne lui pose plus problème une fois qu'il a appris à lire ce nombre et à écrire ce qu'il est en train de prononcer.

Comment faire une rédaction sans, à un moment donné, la lire tout haut ? L'enfant repère plus facilement les lourdeurs, les répétitions ou les changements non pertinents de temps des verbes. Il vérifie que la pensée, qui va infiniment plus vite que la main, a néanmoins bien été retranscrite sur sa feuille. Si l'on demande à un enfant de lire son texte à voix haute, de s'écouter pour souligner les passages lourds, incorrects, les erreurs de syntaxe, il les repère alors qu'il ne les avait pas remarqués à la seule lecture. Il a noté telles quelles les idées qui lui venaient, a écrit des phrases longues et compliquées afin de s'approcher de ce qu'il croit être le langage écrit. Il n'a pas oralisé son texte, il ne l'a pas écouté.

Ce travail à voix haute, facile à réaliser à la maison, est remplacé en classe par le seul travail d'écoute. L'enfant apprend à se parler dans sa tête. Il prononce silencieusement, il écoute ce qu'il dit.

Secrets de premiers de la classe :

- « Avant, j'oubliais des lettres, maintenant je prononce les mots quand j'écris et ça ne m'arrive plus. »
- « Je chante les conjugaisons, c'est plus gai. »

Les règles d'or

- Équilibrer le temps : travail, activités sportives et artistiques, repos, loisirs
- Limiter le temps de chaque tâche
- S'interroger sur ses points forts, ses faiblesses
- Dresser un bilan dans chaque discipline pour définir des objectifs
- Organiser le temps en fonction de ses objectifs
- Se tenir aux décisions prises
- Anticiper son travail, le planifier
- Corriger ses erreurs
- Vérifier son travail
- Faire passer en travail réflexe ce qui peut l'être

Au terme de ce périple, que conclure ?

Les parents doivent-ils suivre à la lettre tous les conseils donnés au fil des chapitres ? Chaque enfant est unique, et l'aider c'est avant tout être attentif à lui. Mieux le connaître pour mieux le suivre et adapter ces conseils à ce qu'il est. C'est trouver le juste équilibre où placer l'élève au sein de la vie familiale.

Si l'on veut que l'enfant apprenne, en ait le désir et du plaisir, il s'agit de s'intéresser à ses ressources et à ses compétences qui ne sont pas forcément celles demandées par l'école, mais sont le point de départ de sa construction intellectuelle.

Cet intérêt ouvre naturellement au dialogue, et c'est là que l'accompagnement des parents prend tout son sens. Parler et faire parler l'enfant pour l'amener à la réflexion, à l'autonomie, à la maîtrise de sa pensée. Parler et l'écouter pour entendre ce qu'il dit.

Cette meilleure connaissance de l'enfant permet un échange fructueux avec les enseignants, échange essentiel pour un apprentissage sans douleur tout au long de la scolarité.

L'attitude de l'enfant face au savoir, ses démarches, sa curiosité, ont autant d'importance que les connaissances qu'il est censé engranger. Aux parents de l'aider à s'interroger sur le monde et sur lui-même. À devenir un enfant qui apprend, en toute tranquillité.

De quoi a-t-il besoin pour y parvenir : besoin de la confiance de ses parents pour s'imaginer capable de réussir, besoin de leur exigence bienveillante pour donner le meilleur de lui-même, besoin de leur écoute pour se sentir compris, estimé.

Il ne faut pas oublier que c'est dans le regard de ses parents qu'il découvre sa propre image d'enfant en train de se construire. Et c'est par rapport à ce regard qu'il se détermine dans l'incapacité à désirer, à faire effort, ou dans le plaisir d'apprendre.

Table des matières

Préface 3

Du désir de savoir à la motivation 5
La motivation, synonyme de plaisir 7
Le désir de l'enfant, le désir des parents 8
L'estime de soi 11
La confiance en ses capacités 12
Comment le motiver ? 13
Projet de vie 15
La vie émotionnelle 16
Le plaisir 16
Le déplaisir, la souffrance 17
Élève motivé, élève démotivé 19
Les réussites au service de la motivation 19
Motivé mais résigné 21
Résistance à l'apprentissage 23
Le stress de l'enfant 24
À quoi reconnaître un enfant stressé 25
Refus d'aller à l'école 26

Apprendre avec ses parents 29
Les devoirs à la maison 30
Les parents : enseignants bis ? 32
Les parents et le travail à la maison 34
Et les devoirs de vacances ? 35
Des devoirs en vacances ? Oui 36

Des devoirs en vacances ? Non 37
Apporter le savoir autrement 39
Les expériences qui apprennent 39
Que faire de la télé ? 41
Amener l'enfant au plaisir de lire 42
L'écrit 45
Le parler 46
Les jeux 47
Les jeux vidéo 48
L'ordinateur 49
La vie quotidienne 49

Le corps qui apprend 51

L'écriture : habileté manuelle et geste graphique 52
L'enfant gaucher 54
L'intelligence du corps 56
L'écriture blanche 57
L'apprentissage des nombres 57
L'enfant aime le mouvement 58
La fatigue après l'école 59
La fatigue, frein au travail de l'enfant 61
Les activités physiques essentielles à l'activité intellectuelle .. 64
Nourrir harmonieusement le cerveau 65
Le sommeil réparateur 67
La chronobiologie et les rythmes scolaires 69
Bons et mauvais moments 70
Et à la maison ? 71

De l'attention à la mémoire 75

Être attentif 75
Une attention à trois temps 76
Savoir que faire de son attention 77
Moduler son attention 77
La concentration, une attention soutenue 78
Se concentrer, une habitude à prendre 80
Maîtriser son attention 82

Utiliser des stratégies pour gagner en autonomie et en efficacité 84
La mémoire, au cœur de l'apprentissage 85
La mémoire, comment ça marche ? 85
Mémoire à court terme 87
La mémoire permanente 88
Nécessité de la répétition 89
Condition d'une bonne mémoire 93
Les ancrages, pour retrouver les connaissances mémorisées 94
La mémoire et le cerveau émotionnel 96

Comment apprendre ? 99

Apprendre, c'est être dans une pensée consciente 99
Se faire des images mentales 101
Donner l'envie de lire 101
Mémoriser une image 102
Dialoguer avec soi-même 103
De l'élève passif à l'élève acteur 105
Apprendre implique l'enfant 106
Apprendre, c'est créer des liens 107
Apprendre, c'est mettre de l'ordre 110
Apprendre aussi à se connaître 111
Apprendre selon ses préférences 112
L'imagination au service de l'élève 116
Faire à l'identique 117
Les exercices d'application tuent l'imagination 118
L'imagination à l'aide de l'anticipation 119
L'imagination utile à la réflexion 119

Comprendre et réfléchir 123

Comprendre et réfléchir, c'est donner du sens 124
L'évidence et l'illumination 125
Apprendre, est-ce seulement comprendre ? 126
Le par cœur, insuffisant sans la compréhension 128
Le par cœur obligatoire 128
Apprendre les leçons : un exercice impossible ? 129

Acquérir du vocabulaire, une priorité absolue 131
Les mots 133
Une richesse culturelle 135
Le vocabulaire familier 136
Savoir lire et comprendre 137
Enfants en détresse linguistique 140
Réfléchir s'enseigne 141
Donner de l'importance au « si » 142
L'importance de la parole 143

Les stratégies pour un travail réussi 147
Conditions matérielles pour un bon travail à la maison 148
S'organiser 150
Gérer le temps 150
Gérer le temps à l'intérieur d'un travail 153
Organiser le temps en fonction du travail demandé 154
Organiser le temps en fonction de ses objectifs 155
Dresser un bilan dans chaque discipline 156
Définir des objectifs réalistes 157
Faire des plannings 158
Utiliser les bonnes méthodes 160
Les erreurs, outils de travail 160
De l'importance des corrections personnelles 161
Cause des erreurs 162
S'attaquer aux erreurs 163
Automatiser pour libérer son esprit 164
La vérification efficace 165
Travail à voix haute 166

Au terme de ce périple, que conclure ? 169

Bibliographie 175

Bibliographie

- Barth Britt-Mari, *Le savoir en construction*, Retz, réédition, 2002.
- Baruk Stella, *Dictionnaire de mathématiques élémentaires*, Seuil, 1992.
- Buzan Tony, *Une tête bien faite*, Les Editions d'organisation, 2004.
- Charmeux Evelyne, *Apprendre à lire : échec à l'échec*, Milan 1987.
- Dyckmans-Rozinski Annie, *Vocabulaire junior*, Le Robert 2005.
- Delannoy Cécile, *Une mémoire pour apprendre*, Hachette 1994.
- Gallien Marie-Pierre, *Libérer l'imagination*, Bayard/Centurion, 1993.
- Gelbert Gisèle, *Le Cerveau des illettrés*, Odile Jacob, 1998.
- Giordan André, *Apprendre*, Belin, 2002.
- George Gisèle, *Les enfants malades du stress*, Anne Carrière, 2005.
- Hadji Claude, « *Vers une neuropédagogie* », in Cahiers Pédagogiques 1990.
- Jeannerod Marc, *Le cerveau intime*, Odile Jacob, 2002.
- Laborit Henri, *L'esprit du grenier*, Grasset et Fasquelle, 1992
- La Garanderie Antoine de, *La motivation*, Bayard, 1991.
- Lieury Alain, *Mémoire et réussite scolaire*, Dunod, 1994/2004.
- Oberto Varinia, Sotto Alain, *Aidez votre enfant à réussir*, Hachette, 2006.
- Oberto Varinia, Sotto Alain, *Dénouer l'échec scolaire*, Desclée de Brouwer, 2004.
- Rancière Jacques, *Le maître ignorant*, Fayard, 1987.
- Testu François, *Chronopsychologie et rythmes scolaires*, Masson, 2000.
- Williams Linda, *Deux cerveaux pour apprendre*, Les Editions d'organisation, 1986.

Impression et façonnage réalisés en juillet 2012
par La Tipografica Varese S.p.A.

Pour le compte d'Ixelles Publishing SA
Imprimé en Italie